인생을 완성시키는
자아초월의 가치관 **100세 시대**

심 경 心
耕

심 경

초판 1쇄 발행 2022년 12월 01일
저 은 이 김두전
발 행 인 권선복
편   집 권보송
디 자 인 신미현
전 자 책 서보미
발 행 처 도서출판 행복에너지
출판등록 제315-2011-000035호
주   소 (07679) 서울특별시 강서구 화곡로 232
전   화 0505-613-6133
팩   스 0303-0799-1560
홈페이지 www.happybook.or.kr
이 메 일 ksbdata@daum.net

값 20,000원
ISBN   979-11-92486-43-7 (03190)

인생을 완성시키는
자아초월의 가치관 100세 시대

심 경 心耕

김두전 지음

도서
출판 행복에너지

머리말

정성으로 이 한 권의 책을 여러분 앞에 내놓습니다.

◆ **지금의 나** ◆

이 세상으로 여행을 와서 향기(香氣)도 없고 색(色)도 없이 길 가에 밟히는 잡초처럼 살아 온 '지금의 나'

지난 세월 동안 일생(一生)을 그저 평범한 보통 인(人)으로만 살아온 한(限)이 있는 한 가장(家長)에 불과한 '지금의 나'

산 넘고 물 건너 미수(米壽)까지 앞만 보고 끊임없이… 뒤돌아 볼 틈도 없이 달려온 '지금의 나'

어버이의 하해(河海) 같은 고마움(恩德)을 다 묻고, 형제의 따뜻한 정(情)도 다 떠나보내고, 친구(親舊)들의 그리운 정을 반추(反芻)하며, 처자식(妻子息)에 대한 뜨거운 사랑을 보듬어 안고 살아가는 '지금의 나'

인생의 석양(夕陽)에 서고서도 이 잡다한 것들을 다 짊어지고 마지막 남은 걸음을 내딛고 있는 '지금의 나'

그리고 열심히 밭을 가는 농경(農耕)으로 농사의 풍요를 약속하듯 성실하게 심경(心耕)으로 인생의 풍요를 만들어 가고 싶은 '지금의 나'

그래서 농사에서 인생을 배우고 참된 진리를 캐고 생활의 가치관을 발견하며 살아가는 '지금의 나'

오늘도 흙 속 고구마 줄기에서 하나 둘 고구마를 캐어 올리듯, 쌀 한 톨 한 톨이 쓴 고통과 땀으로 이루어진 것처럼(粒粒皆辛苦) 마음에 와 닿는 마음 밭(心田)의 씨앗을 찾는 데 심혈을 기울이며… 그리고 평소 생활 속 깊숙이 있는 내 자신의 심경(心耕)의 편영(片影)들을 찾아 모으고 있는 '지금의 나'

◆ 책을 쓰면서 ◆

요즘 세태는 물질만능에서 기인하는 것일까?

아니면 급속히 변하는 사회진화에서 오는 것일까?

우리 고유(固有)의 것, 선(善)과 양심(良心), 질서와 윤리, 배려와 나눔 등을 소홀히 취급하고, 비양심적 경쟁과 물질 따위에만 매달려 가는 사회상을 보면서 백수(白壽)를 바라보는 늙은이가 펜이 가면 가는 대로 천방지축(天方地軸) 온갖 주제를 다루었습니다. 그리고 여러 독자들의 공감대 형성을 바라면서 "100세 시대 심경(心耕)"에 포장하여 도도하게 세상에 내놓게 되었으나 두려움과 걱정이 먼저 앞서는 것을 억제하지 못하는 심정 너 그렇게 받아주시길 바랍니다. 마지막으로 그 무엇인가에 격정을 쏟고자 하는 저자를 이해해 주시길 바랍니다.

저자는 세상을 살아오면서 일상생활에서 깨우치게 되는 것들을 틈 있는 대로 한두 쪽씩 메모해 두었다가 이를 정리하여 책으로 내게 되면 독자들의 '마음 가다듬기'에 도움이 되지 않을까 하는 자그마한 소망을 가지게 되었으며, 그 깨우침의 올바른 의미를 살리기 위해 한 쪽 한 쪽을 완성하였습니다.

그리고 이 책을 쓰는 데 있어서 글의 내용상 성현들의 가르침과 이미 세상에 알려진 위인명사(偉人名士)들의 명구를 많이 인용함으로써 독자들이 이해하는 데 있어 식상함이나 어려움이 있지 않을까 심히 우려되며, 가끔 항목에 적합하지 않은 문구도 있음을 솔직히 고백합니다.

필자는 2011년 처녀작으로 산문집 『마음 밭갈이(心耕)』를 출간한 이후 '10년이면 강산도 변한다.'는 한 세월을 보내고 나니 나이는 벌써 미수(88세, 米壽)가 넘었습니다.

이처럼 세월을 쓰고 나서 앞으로 살아갈 날에 눈을 맞추어

보니, 이미 세상은 100세 시대가 흔한 상황이 되어 여기저기에서 100세 인생을 산다고 합니다. 이에 한번 욕심내어 오늘 일도 모르고, 내일 일도 모르는 더불어 살아가는 처지에 내 인생 88세(米壽)를 살면서 '마지막 남은 인생 살기' 등 몇 가지 주제를 더하여 '100세 시대 심경(心耕)'이라는 새로운 책이름으로 단장하여 독자 여러분 앞에 서게 되었습니다.

이제는 100세 시대를 살게 되는 인생이 흔한 세상을 맞이하게 되면서 독자들의 정신건강을 위하는 데 이 책의 내용이 공감되어 조금의 도움이라도 되었으면 하는 소망을 가져봅니다.

끝으로 이 책이 나오는 데 많은 도움을 주신 여러분들께 깊은 감사의 뜻을 올립니다.

글쓴 사람
김두전 올림

마음 밭갈이(心耕)에서 인생의 완성을 돕는다

– 이스라엘의 예언자 '예레미야' –

논밭을 가는 것은 농경(農耕)이라 하고 마음의 밭(心田)을 가는 것은 심경(心耕)이라 한다.

– 미국의 현자 '윌리엄 제임스' –

우리 세대의 가장 위대한 발견은 인류가 자신들의 마음의 태도를 바꿈으로써 삶을 바꿀 수 있다는 사실이다.

– 佛法 –

삼일 마음 닦음이 천년의 보배 (三日修心 千載寶)

– 마틴 루터 –

훌륭한 습관은 훌륭한 인간(人間)을 만든다.

인생의 완성을 향하여 원래 인생은 완전하지 못하다. 그리고 신(神)이 아닌 이상 인생이 끝날 때까지 그 불완전을 극복하기란 거의 불가능하다. 그러므로 인생의 완성을 향하여 매일 마음을 닦고, 다스리고, 그리고 성찰하는 '마음 밭갈이'로 성실하게 살아야 하는 길잡이를 여기에 담고자 하였다.

마음 밭갈이(心耕)에서 인생을 배운다

농사는 사람을 정직하게 만든다. 콩 심은 데 콩 나고, 팥 심은 데 팥 난다. 그래서 농심(農心)은 천심(天心)이라고 한다.

농사는 인생을 배우게 한다. 가을의 즐거운 풍요를 얻기 위해 "꽃을 피우기 위해 그렇게도 소쩍새는 울었나 보다. 봄부터 밭 갈고 씨 뿌리며 그리고 칠팔월 여름의 강열한 뙤약볕 더위를 이겨 내었나 보다."

사람의 인생도 이와 같아 인생의 완숙이라는 아름다움과 풍요를 얻기 위해 젊을 때 많이 배우고 열심히 일하며, 마음 밭갈이로 힘들고 어려운 세상, 고달픈 인생을 이겨낸다.

농심을 갖춘 위인들은 "부지런히 일하며, 정직하게 살

고, 자연의 섭리에 순응하면서 땀 흘리고 씨 뿌린 데서 열매를 얻게 됨에 감사의 기도를 올린다." 마음의 밭을 가는 위인들은 인류에 공헌하고 잃은 조국을 되찾기 위해 헌신하며 번영된 국가를 이룩하는 데 공헌하였다.

이것이 농심이며, 천심의 힘이다.

위인들의 마음 닦음에서

미국 남북전쟁을 승리로 이끈 제 16대 대통령 '링컨'은 농업인, 선원, 점원, 우체국장, 변호사 등 다양한 직업에 종사했으며, 독서로 무지를 이겨낸 가장 존경받는 미국 대통령이다. 그렇기 때문에 무지란 그에게 용서하기 힘든 것이었으며, "정의는 가장 위대한 힘"이라는 마음 닦음으로 자신과 나라를 위대하게 만들었다.

영국의 강철수상 처칠은 "제가 바칠 수 있는 것은 피와 노력, 눈물과 땀밖에 없다. 우리는 결코 실패하지 않는다."고 하여 '절대 포기하지 말라'는 명언을 남긴 강철같은 의지의 마음 닦음으로 세계 2차 대전을 승리로 이끌었다.

나폴레옹은 "이 세상에서 자기 자신을 이기는 일이 제일 어려운 일이다."고 하여 얼마나 극기심(克己心)이 강했었는지를 말해주고 있으며, "승리는 참고 견디는 자에게 돌아간다."는 마음 닦음으로 자신을 극복했다.

세종대왕은 상선약수(上善若水)라는 물같이 흐름이 진리임을 몸소 실천하는 마음 닦음으로 항상 백성 편에서 왕정(王政)을 폈다. "사람이 땅에서 생명을 유지할 식량을 생산함에 있어 나라는 백성을 근본으로 삼고, 백성은 식(食)을 하늘로 삼는다." 하고, "농사는 의식의 근본이며, 왕정에 앞서는 일이다."고 하였으며, 한글을 창제하였고 조선의 성군으로 추앙받는다.

이순신 장군은 해전사(海戰史)에 빛나는 임진왜란을 승리로 이끈 명장이다. 장군은 적과의 싸움에서 죽음을 각오하면 반드시 산다는 '필사즉생(必死則生)'의 결기로 마음을 닦으며 임전하였다. 최후의 결전 운명의 순간에서 "나의 죽음을 적에게 알리지 말라" 하며 임진왜란 해전을 승리로 이끌고 국민의 정신에 살아있는 명장이 되었다.

존경받는 안중근 의사는 '참고견딤(忍耐)'을 평생의 좌우명으로 마음을 닦았다. 이토 히로부미 저격으로 체포

된 후에도 많은 검찰 심문과 옥고를 견뎌 내면서 공판에서 사형선고를 받고도 항소를 포기하는 의연함과 민족 사랑의 강인한 기개를 후세에 남겼다.

인생을 짧게 그리고 숭고하게 살다간 안중근(1879-1910) 의사는 31세의 젊은 나이로 이토 히로부미를 저격하는 거사를 결행한 후 옥중에서 '한결같이 부지런히 일하면 세상에 어려울 게 없다(一勤天下無難事)'는 휘호를 남겼다. 게으름으로 빈국(貧國)이 되어 나라 잃은 처지를 극복하기 위해 남긴 숭고한 국민근로 정신을 장려하는 휘호라 할 것이다.

미국 최고령 116세의 포드 할머니는 "정직하게 사니까 장수했다."고 하며 마지막으로 세상을 떠나면서 오래 살고자 하는 인간 본성에 의미 있는 덕목(德目)의 말을 남겼다.

「많은 사람들이 성공을 꿈꾸며, 남들로부터 존경을 받고자 한다. 그렇지만 위인들의 마음 닦음에서 보듯이 수신제가치국평천하(修身齊家治國平天下)의 도(道)가 그 밑바탕에 깔려 있어야 한다. 자신의 몸과 마음을 갈고 닦지 않고서는 성공하거나 존경을 받을 만한 사람으로 성장할 수 없다. 그러므로 장차 국가와 사회적으로 존경받는 훌륭한 지도자가 되고자 하는 꿈과 희망을 가진 사람들이라면 농경(農耕)과 심경(心耕)을 통하여 땅의 기운(地氣), 즉 생명의 기운에 혼신을 다하여 호연지기(浩然之氣)를 얻을 것을 권한다. 세계적으로 존경받는 위인들은 대부분 이러한 길을 밟았음을 이 책을 통하여 찾게 될 것이다.」

차례

01

오늘의 삶

뜻이 있으면 영원히 살기 위하여 오늘을 노력하라.
그리고 기다리라.

– J. 홀랜드 –

오늘의 삶

◆ "뜻이 있으면 영원히 살기 위하여 오늘을 노력하라, 그리고 기
다리라!"

— J. 홀랜드 —

'오늘은 나의 남은 생애에서 가장 젊은 날'이라고 오늘도 하
루를 맞이한다. 오늘 하루는 나의 하루의 시작이며, 전부이다.
그리고 나의 인생도 하루에서 시작하고, 전부가 된다.

행복했던 나날이 모두 모여 바로 오늘을 만든다는 것, 새털
처럼 많은 행복했던 순간이 모여 당신의 오늘을 만든 것이다.
그것이 바로 오늘 하루를 감사하며 살아야 할 뚜렷한 이유이
며 자기에게 주어진 하루를 성실하게 사는 이치이기도 하다.

따라서 오늘은 얼룩진 과거와 불확실한 미래도 동시에 포
용한다.

오늘의 삶은 1회용이다. 그래서 매일의 삶에 최선을 다하는 것이 삶의 정도(正道)다.

우리의 일생은 소비할 시간이 있을 정도로 결코 긴 것만은 아니다. 내 생명의 존재에서 저에게 주어진 귀중한 시간을 최대한 활용할 수 있게 된 것에 감사하자.

오늘의 시간이 지나면서 어제가 되어 다시 오지 않는 과거로 넘어가고, 내일이 오늘의 자리에 있게 될 것이다. 오늘의 주인은 오직 내 자신이라는 것을 의식해보자(今日作主).

마음의 주인은 자신뿐이며, 오늘에 대한 자신의 삶의 주인도 자신뿐이라는 것을 명심하자.

'오늘은 내 인생 최고의 날이다(日日是好日).' 하고 오늘을 건강하게 살고 즐겁게 살며 오늘을 사랑하자. 영원하지 않기에 아름다운 오늘이며, 다시 오지 않기에 소중한 오늘이다.

오늘 하루를 살더라도 그것이 자신을 위한 것인지 무엇을 위해서인지 한번 돌이켜볼 필요가 있다.

어제를 회고와 반성으로, 오늘은 성실과 실천으로, 내일은 창조와 희망의 날로 하자. 오늘의 건재한 삶이 있고 내일의 희망찬 삶에 감사하며 살고 있는 한 우리의 건강도 이를 보장하게 될 것이다. 그러므로 산다는 것은 오직 오늘에 해당된다. 어제는 이미 살아버린 삶이며, 내일은 앞으로 살아갈 불확실성의 삶이다. 그리고 어제의 실패에서 보다 나은 오늘을 발전시키고, 내일의 희망을 심는다. 최선을 다해 오늘을 살아갈 때 더 나은 내일이 찾아올 것이다. 그래서 우리는 최고의 오늘을 살아야 하는 것이다.

'언젠가'는 결코 찾아오지 않는다. 우리는 오직 오늘을 살고 있을 뿐이며, 과거는 바꿀 수 없고, 미래는 어떤 모습인지 알 수 없다. 우리가 능력을 발휘할 수 있는 시간은 바로 오늘뿐이다.

아무쪼록 당신이 '그럭저럭' 하루를 버티는 태도에서 벗어나 바로 오늘부터 최선의 삶을 살아가자! 그리고 희망찬 날로 하루를 시작하자! 최선의 삶은 절대 멀리 있지 않고 바로 코앞에 있다. 오늘을 열심히 살며 최선을 다하는 사람들에 의하여 역사는 창조되며 발전을 더해간다.

오늘을 위해서 살라! 현재 있는 시점에서부터 출발하라! 과거를 위해서 할 수 있는 일은 하나도 없지만 오늘을 위해서 할 수 있는 일은 참으로 많다.

◇ "왜 오늘의 만사(萬事)에 최선을 다하지 않았는가?"

− 미국 대통령 '지미 카터'의 자서전 −

◇ 「오늘도 신비의 샘인 하루를 맞는다. 이렇듯 나의 오늘은 영원 속에 이어져, 바로 시방 나는 그 영원을 살고 있다.」

― 구상(具常)의 '오늘' ―

◇ '하루하루를 완전히 살아가는 것이 장수(長壽)의 비결'

― 116세로 살다간 세계 최고령 일본인 '기무라 지로에몬' ―

어찌하여 내가 여기에 있느냐고 한다면 오늘을 살면서 내일이 있다는 믿음이 있어 오늘을 살고 있다고 하자.

혹시 내일이 올 것이라는 믿음이 없이 오늘의 삶은 어떻게 될 것이냐고 한다면 해답 없는 허공을 찾아 헤매게 될 것이다. 꿈과 희망은 내일을 위하여 있는 것이며, 또한 참된 오늘을 있게 하는 것이다.

◇ "오늘의 하루가 모여 다가올 100년, 1,000년을 채워낸다. 그대의 오늘은 영원하다."

― 아우구스티누스 ―

◇ "그대의 오늘은 영원하다. 오늘 하나는 내일의 둘보다 낫다."

― 프랭클린의 말 ―

◆ 뜻이 있으면 오늘을 멋있게 살아라!

◆ 오늘은 내일의 꿈과 희망을 잉태시켜야 할 책무가 있다.

◆ 꿈과 희망은 내일을 위하여 있고, 참된 오늘을 있게 한다.

◆ 영원하지 않기에 아름다운 오늘이여,
　 다시 오지 않기에 소중한 오늘이다.

◆ 오늘의 하루하루가 쌓여서 나의 인생 전부를 만든다.

◆ '오늘은 나의 남은 생애 중 가장 젊은 날'이기에
　 '최선을 다해 오늘을 살 때 더 나은 내일이 찾아오며,
　 최고의 오늘을 살아야 한다.'

◆ 긍정 속에 오늘을 살며, 가슴 벅찬 오늘을 사랑하자!
　 그대의 오늘은 영원하다.

2

꿈이 있는 곳에

◆ "나에게 꿈이 있다고 생각하는 사람이 되어라!"

– 킹 목사 –

"성공은 꿈을 포기하지 않을 때 이루어진다."고 한다. 꿈이 있는 곳에 희망이 있고, 희망이 있는 곳에 영광이 있다. 꿈은 이루어지기 위해 있으며 그리고 이루어진 꿈은 아름답다.

욕심이 아닌 행복을 만들어가는 꿈을 꾸고 싶다. 희망의 꿈을 가지고 차근차근 실천에 옮기는 영광을 만들어 가자. 꿈을 가지고 최선을 다하면 꼭 이루어진다.

그리고 꿈을 가지고 있을 때 인생을 풍요롭게 만들고, 꿈을 꾸는 자에게 희망이 찾아온다. 그래서 훌륭한 지도자가 되기 위해서는 미래에 대한 간절한 꿈, 창의적이고 미래에 꼭 이루고 싶은 꿈과 원대하고 신나는 꿈을 가지고 있어야 한다. 미래는 자신의 꿈을 이루고 싶은 사람에게만 보이는 법이다.

꿈은 새롭고 신선해야 하며, 창조성을 가진 희망찬 꿈이어야 한다. 그리고 생을 마감하는 날까지 희망을 잃지 않은 꿈을 간직하고 살아갈 수 있도록 설계할 필요가 있다. "꿈과 희망은 언제나 위기를 극복한다."

사람을 움직이는 것은 돈이 아니라 꿈이고, 꿈은 희망을 만들어가며, 희망은 또한 혼(魂)을 탄생시킨다. 꿈과 희망과 혼이 있는 곳에는 노력과 근성, 도전의 용기가 같이 한다. 그리고 꿈은 꿈꾸는 자만 이룬다.

꿈을 꾸는 것은 작은 꿈이건 큰 꿈이건 공짜다. 그리고 꿈을 크게 가질수록 꿈의 부자가 되며, 꿈은 갖는 것은 돈이 들지 않기 때문에 많이 가질수록 좋다. 그러나 정제된 꿈이어야 한다.

성공한 사람들은 꿈을 지속적인 실천으로 옮긴 사람들이며, 목표 달성은 꿈을 가지고 실천하는 사람에게만 해당되는 것이다. 그리고 어떤 꿈을 갖느냐에 따라 그 사람의 운명이 다르게 결정지어지므로, 마음껏 꿈을 꾸고 또한 꿈을 실천하기 위해 포기하지 않는 삶을 살아야 한다.

꿈은 미래의 번영과 희망을 준다. 꿈에는 나의 꿈이 있고, 나아가 국가나 민족의 꿈도 있다. 그리고 내일의 영광은 꿈꾸는 자의 것이다. 나의 꿈이 있는 곳에 나의 미래와 희망과 영광이 있으며, 꿈이 있는 국가와 민족에게 미래의 영광된 번영과 희망이 같이 한다. 또한 미래는 꿈꾸고 도전하는 사람들의 몫이다.

세계 번영의 역사와 달나라의 정복도 하고자 하는 세계 인류의 희망찬 꿈이 있었기에 가능했다. 그러므로 꿈이 현실화되는 것은 이를 꿈꾸고, 이를 실현시키고자 하는 의지를 가진 사람들에게만 해당되는 것이다.

이렇게 꿈은 아름답고 위대해지려하는 사람만이 가질 수 있는 하느님이 준 선물이다. 그러므로 인간은 그 무엇보다 더 많은 것을 가지려고 하며, 많은 꿈을 가지고 살고자 하는 본능(本能)을 가지고 있다. 보다 더 많이 가지려 하는 꿈은 더 넓은 미지의 세계를 개척해 나가게 한다. 꿈이 있는 나와 우리, 꿈이 있는 국가와 민족은 번영을 약속하며, 밝은 미래가 기다리고 있는 것이다.

100년의 꿈 대한 독립

100년 전 "대한 독립의 소리가 천국에 들려오면 춤추며 만세를 부르겠노라"고 한 안중근 의사의 마지막 남긴 고귀한 꿈이 있었으며, "나 김구(金九)의 소원이자 꿈은 무엇이냐?"라고 물으면 "나는 서슴지 않고 첫째도 대한독립이요, 둘째도 우리나라의 독립이요, 셋째도 나는 더욱 소리 높여 우리나라 대한의 완전한 자주독립이요"라고 대답할 것이다. (김구 선생의 백범일지)

절망적일 때에도 우리는 희망의 꿈을 갖자

꿈은 그냥 이루어지는 것이 아니다. 꿈을 가진 사람에게는 날개가 있으며, 도전하는 사람에 의해 이루어진다.

젊은이에게 대망(大望)의 꿈을, 꿈을 가진 사람에게 불굴(不屈)의 투지가 있어야 한다.

"불가능이란 없다."고 하면서 정규교육도 받지 못하고 가난하고 힘든 유년시절을 독서로 이겨냈으며, 많은 실패를 극복하고 일어선 미국 역사상 위대했던 '링컨' 대통령처럼 희망찬 불굴의 꿈을… "절대 포기하지 말라."고 한, 세계 2차 대전을 승리로 장식한 명재상 '불굴의 인간' 처칠 수상처럼 강철 같은 희망찬 승리의 꿈을….

◇ 꿈은 이루어진다. 그렇지 않으면 신이 우리에게 꿈을 꾸게 만들었을 리가 없다.

– 존 업 다이크 –

◇ 당신이 할 수 있는 일 또는 꿈꾸고 있는 일을 지금 즉시 행동으로 옮겨 보아라. 이러한 과감성 속에는 천재성, 힘, 마력이 담겨있다.

― 괴테 ―

◇ 내게 꿈이 있다면 무엇을 남기고 갈 것인가가 중요하다.

― 베토벤 ―

◇ 우리에게 꿈이 있는 한 늙지 않았다는 뜻이고 꿈을 버리는 순간 바로 늙었다는 뜻이 되며, 인생은 끝이 난다. 그리고 노인도 꿈이 없다면 인생이 끝난 것이다.

― 지미 카터 ―

◆ 성공은 꿈을 포기하지 않을 때 이루어진다.
　꿈이 있는 곳에 희망이 있고, 희망이 있는 곳에 영광이 있다.

◆ 꿈은 아름다운 것, 꿈은 이루어지기 위해 있으며,
　이루어진 꿈은 아름답다.

◆ 꿈은 인생을 풍요롭게 만들고,
　꿈을 꾸는 자에게 희망이 찾아온다.

◆ 꿈은 새롭고 신선해야 하며,
　창조성을 가진 희망찬 꿈이어야 한다.

◆ 미래는 꿈꾸고 도전하는 젊은이의 몫이다.
　절망적인 때에도 희망의 꿈을 갖자!

◆ 젊은이에게 대망(大望)의 꿈을,
　꿈을 가진 사람에게는 불굴의 투지를!

◆ 꿈을 가지고 있을 때 가장 행복한 삶을 살게 된다.

운명을 개척하기

사람의 운명은 태어날 때부터 생년월일시에 미리 정해져 있어 태어난 '사주팔자'가 정해져 있다고 생각할 때도 있다.(生年月日時既有定)

팔자(운명)대로만 산다면 그 인생은 어떻게 되겠는가. 그렇다면 악을 쓰면서 살아갈 필요가 없지 않는가 말이다. 그러니 자기 자신이 타고난 팔자(운명)대로만 살아가는 것은 절대 아니다.

'운명개척은 위기개척이다.' 하고 사람의 삶에는 위기가 항상 있게 마련. 사람은 위기를 어떻게 헤쳐나가느냐에 따라 자신의 운명이 좌우된다.

먼저 위기를 기회로 삼고 도전정신(挑戰精神)으로 개척해 나가는 사람. 남이 잠자고 있을 때 부지런히 노력하는 사람. 참고 견디는 자만이 새로운 삶을 얻는다고 믿으며, 주어진 승리는 자기에게 돌아온다고 생각하는 사람. 용기와 만사에 긍정적인 사고를 가진 사람.

◇ 우연은 미리 준비되어 있는 마음의 편을 든다.

— 루이 파스퇴르 —

◇ "나는(우리는) 할 수 있다."고 자신(自信)을 가진 사람.

— 44대 미 대통령 오바마 —

◇ "하면 된다."고 자신(自身)을 믿는 사람.

— 박정희 대통령 —

운칠기삼(運七技三)이라고 믿고 사는 사람이 되지 말아야 한다. 이런 사람들이 위기를 극복해 나갈 것이며, 운명을 개척할 것이다.

"이처럼 운명의 위기를 개척해 나갈 때 운명의 여신(女神)은 자기 편이 될 것이다."고 생각하여 성공한 모든 사람들은 성공한 만큼 역경을 극복한 사람들이며, 절대 포기하지 않는 굳은 의지를 세우고 도전하는 매일의 삶을 살아가는 사람들이다.

운명을 개척하며 살아간 '처칠'은 천재가 아닌 보통사람이었으며 학교에서는 낙제생이었다. 그러나 처칠이 진정 남달랐던 점이 있다면 강인한 용기가 있었을 뿐이다. "포기하지 말라! 포기하지 말라! 절대 포기하지 말라! 이는 '처칠'이 옥스퍼드 대학의 졸업식 축사에서 한 말이다.

◇ "밀물이 올 때 노를 저어라! 인생살이에는 밀물일 때와 썰물일 때가 있다. 밀물을 타면 운명의 행운이 오지만 이를 무시한 인생 항로는 암초에 부딪쳐 불행하게 끝난다."

– 시저 –

◇ "천재는 1%의 영감, 70%의 땀, 29%의 좋은 환경과 가르침으로 만들어진다. 천재는 노력하는 자를 이길 수 없다."

– 엔더슨 에릭슨 –

사람은 운명대로만 살 수도 없고, 노력만으로 삶이 결정되지도 않는다. 그러므로 타고난 운으로만 살아가는 것 같이 보일 때도 있고, 아무리 노력해도 삶이 달라지지 않는다고 생각될 때도 있다.

'나폴레옹'은 장수를 발탁하면서 "행운은 순수한 우연이 아니다."라고 하였으며, '태조 이성계'는 "위화도 회군의 성공은 행운이 도왔다."고 하였다.

 자신의 일이 조금 잘 풀리면 노력의 결과가 아니라 좋은 행운의 덕분이라고 생각하고, 자신의 일이 조금 풀리지 않아도 노력이 부족해서가 아니라 운이 나빠서라고 하기도 한다. 이렇게 이해하는 것도 자신이고, 이해하지 못하는 것도 자신이다. 그러나 오직 분명한 것은 운명이건 노력이건 모든 일의 주인은 자신뿐이며, 모든 일의 성패는 가지고 있는 노력을 통해서 얼마나 극복했느냐에 달려 있다는 것이다.

 "인생은 로또가 아니다. 봄에 씨앗을 뿌리고 여름에 잘 가꾸어야 가을에 풍성한 수확을 기대할 수 있는 것과 같은 과정이 있어야 한다."

 영광의 주인공은 미리 준비한 사람들의 몫인 것처럼 행운으로 인한 영광의 주인공은 미리 기량을 준비한 사람들의 몫이다. 운명의 여신은 미리 기량이나 지식을 준비해 온 사람에게 스스로 찾아가는 것이다. 이것이 바로 순리이고 진리이다.

 '마이클 조던'은 9,000개나 넘는 실패한 슛이 있어서 유명한 선수가 되었으며, '김연아'는 1만 회 이상 엄청난 횟수의 엉덩방아를 차디찬 빙판 위에 찧은 것이 있어서 세계를 제패하는 영광을 얻게 된 것이다.

 "매달은 신(운)이 허락해야만 딸 수 있다." 이는 2008년 베이

징 올림픽 금메달리스트의 말이다. "기쁘고 감사하다. 아무리 능력이 뛰어나다 해도 하늘(운)이 주는 메달이다. 이것이 내게 주어져서 벅차고 기쁘다."고 한 피와 땀과 눈물이 만들어낸 유도 한판 승부의 사나이 '최민호' 선수의 말이다.

똑같은 처지에서 누가 더 많이 인고의 눈물을 흘리고 덜 흘리고의 차이로 승리를 차지하게 되는 것만은 아니고 그 순간의 승리는 오직 하늘이 허락해야만 하는 것이다. 진인사대천명(盡人事待天命)이다. 그래서 메달은 신(운)이 허락을 해야 딸 수 있다고들 한다.

이렇게 인고(忍苦)를 이겨내며 준비한 실력과 기량은 승리라는 운명의 행운을 낚아채 올리는 것이다.

◇ 우연은 미리 준비돼 있는 마음의 편을 든다.

　　　　　　　　　　　　　　　　　　　　　　－ 루이 파스퇴르 －

◇ 1%의 가능성에도 도전하라. 할 수 있다는 것만이 나의 큰 자산이다.

　　　　　　　　　　　　　　　　　　－ 불란서 시인 '암스트로' －

◇ 인간은 고난을 통해서만 위대해질 수 있다. 자신을 이길 수 있

어야 가장 강한 사람이다.

– 산악인 엄홍길 –

태조 이성계는 정권을 잡은 후에 자신과 생년월일시(生年月日時)가 같은 사람을 팔도에서 찾아내라고 령을 내려 마침내 찾았는데, 그 사람은 강원도 산골에 양봉업자가 되어 여덟 통의 벌통을 키우고 있음을 알게 되었는데, "내가 조선팔도를 다스리는 운명과 같은 격"이라 하였다고 한다.

그러나 두 사람의 운명의 차이와 운명이 가지는 결과는 엄청난 차이가 나는 것이며, 같다고 할 수 없는 것이다.

"게으름은 운명을 개척할 수 없다."

십이지(十二支) 띠의 신(神)은 짐승을 소집하여 각자 띠를 정해 주려고 하였다. 짐승들이 줄 서기를 시작하면서 소 등에 업혀 온 꾀 많은 쥐가 갑자기 뛰어 내려 선착했고, 다음에 소는 2위 자리에 밀려났으며, 먹을 것에만 정신 팔린 돼지는 마지막에 도착했다. 신(神)은 호랑이에게 강자 친구인 사자는 왜 같이 아니 왔느냐고 하자 그 대답이 "사자는 잠에 취해 오지 못하였다."고 하였고, 개에게는 한집에 있으면서 고양이는 왜 안 데리고 왔느냐고 물으니, 그 대답이 "고양이는 낮잠 자느라 정신이 없어 못 왔습니다."고 하였다. 신(神)은 "그럴 줄 았 았다. 잠만 자는 게으름뱅이는 운명을 개척할 자격이 없다." 하고는 "할 수 없이 혐오스럽지만 용과 뱀으로 바꾸고 마감하 겠으니 평생 각자에게 주어진 운명의 띠로 잘 살아가기 바란 다."고 하였다.

◆ 밀물이 올 때 노를 저어라.
  인생살이에는 밀물일 때와 썰물일 때가 있다.

◆ 운명의 위기를 개척해 나갈 때
  운명의 여신(女神)은 자기편이 될 것이다.

◆ 운명의 여신은
  미리 기량이나 지식을 준비해 온 사람들에게 스스로 찾아간다.

◆ 인간은 고난을 통해서만 위대해질 수 있다.

◆ 자신을 이길 수 있어야 가장 강한 사람이고
  게으름은 운명을 개척할 수 없다.

◆ 성공한 사람들이란
  절대 포기하지 않은 굳은 의지를 세우고 도전하는 사람들이다.

4

삶과 일하기

◆ 새는 하늘을 날기 위해 태어났고, 인간은 일하기 위해 태어났다.

– 마틴 루터 –

사람은 일을 하기 위하여 이 세상에 태어난 것이다. 그러므로 사람이 일하는 것은 살아있는, 살고 있다는 증거이다. 그래서 '볼테이트'는 "인생은 활동하는 가운데 존재하며 무기력한 휴식은 죽음을 뜻한다."고 하였다.

"삶이 있는 곳에 일이 있다. 나는 왜 일하는가? 답은 간단하다. 살기 위해 일한다."

할 일 없이 쉬기만 하는 것은 괴로운 것이지만, 일하며 쉬는 것은 다음 일을 위한 삶의 재충전을 위한 것이다. "일하지 아니하면 먹지도 말라"는 부처의 가르침처럼, 놀고 먹는 사람은 양심이 없는 쾌락자이며 죄인이다. 산다는 것은 즐거운 것이며 행복한 활동인 것이다.

'괴테'는 5가지 행복조건에서 첫째는 '일할 수 있는 건강'이라고 했다. 사람은 거동할 수 있을 때까지는 놀고먹지 말아야 하며, 늙어서는 젊었을 때 넉넉히 벌어놓은 것으로 살아야 한다. 그렇지만 이미 만들어 놓은 노후대책이 있다고 하여 놀며 사는 것도 선(善)은 아니다. 모두 열심히 일하고 있을 때 할 일 없이 자기만 빈둥거리며 놀고먹는 사람은 열심히 일하며 살아가는 사람들의 일할 사기를 떨어뜨리거나 비웃지 말아야 한다. 실업자가 많은 나라는 부국(富國)이 될 수 없다.

오늘의 일본(日本)이라는 경제대국은 열심히 일하며 살아가는 노인들의 근로의 덕분이다. 사람은 경제생활 연령인 18세 이상에서 정년 노령기인 60세(혹은 정년 65세)까지는 일할 자리에 있어야 한다.

◇ 삶의 보람은 일

◇ "인간은 일을 포기하면 죽는다."
　　　　　　 - 창립 102년 된 일본의 유명 자동차 회사의 회장
　　　　　　　　　　　　　　 '스즈키'가 91세의 퇴임사 -

돼지의 경제적인 체중은 100kg로 정해져 있다. 100kg이 초과하면 그때부터는 마이너스(-) 체중선에 들어가서 사료를 먹이는 것이 손해를 주는 체중이기 때문에 과감히 도태시키지 않으면 채산성에 위협을 준다. 이와 같이 노령화 사회에 진입하는 노령화된 노령인구의 생존문제도 있지만 더 중요한 것은 실업자를 최소화하는 국가시책이 활성화되어야 하며, 국가의 통수권자는 비경제성 인구 최소화 정책을 마련하여 놀고먹는 사람 수를 줄이는 데 과감한 시책을 펼쳐야 할 것이다.

선진 부국으로 가는 길목에서는 국민 생활수준의 향상으로 국민의 평균수명이 높아지면, 근로 연령도 높아져야 하며 정년연령도 높여야 한다. 선진 부국을 이룩하는 데는 우선 중장년층이 인력자원화 되어야 하지만 한국도 멀지 않은 장래에 전체 인구의 24%를 상회하는 노령화가 될 때 1,000만을 육박하는 노령인구도 인력자원으로 활용되어야 한다. 왕성한 근로정신을 가진 국민에게 국가는 책임지고 일자리를 만들어주어야 실업자 없는 부국(富國)이 되는 길이다.

「일본은 현재 65세 이상 인구가 전체의 24%를 육박하고 있다. 이들이 생산력 있는 계층이 되지 않으면 일본의 미래는 없다고 한다.」

일과 산다는 것은 불가분(不可分)이다. 위(胃)를 가지고 있는 사람이 살고 있으면 일을 가지고 있어야 하는 것. 그래서 일은 생명을 주는 것이며, 행복한 삶을 주는 것이다. 그러므로 국가는 국민의 생명과 재산, 그리고 행복을 만들어 주는 울타리의 역할을 충실히 수행해야 하는 것이다.

한국은 다른 나라에 비하여 조기퇴직으로 미래가 없는 중장년 노인층이 많은 나라이고, 앞으로 곧 닥칠 712만 명의 거대 인구 집단인 베이비붐세대(1955~63년생) 정년이 큰 태풍으로 다가와 있다. 은퇴 후에도 일해야 하는 한국의 노년(70 - 74세) 고용률은 OECD 1위지만, 76세 이상 절반이 빈곤층이다.

허리 휘는 집값, 무겁게 짓눌리는 사교육비, 이에 겁나서 아이를 갖지 못하고 있다. 국가 흥망의 기초가 되는 인구 증가에 적신호를 보이고 있으며, 연간 사망자가 출생자를 앞지르기 시작했다. 젊어서 모아놓은 재산은 사(私)교육비 등으로 다 써버리고 조기 폐기처분된 60대 젊은 노인들, 은퇴 후 직장을 다닌 세월보다 더 많을 평균수명까지 삶의 걱정이 태산인 세계에서 가장 가난한 노인들이 오늘날 대한민국의 노인들이 아닌가 싶다. 그러므로 노인복지에는 건강이 허락할 때까지 재취업의 기회를 만들어 주는 것보다 더 이상의 이상적인 노인복지는 없다.

부존자원이 빈약한 한국에서는 인력자원이 큰 자산이다. 중장년 노인문제는 장차 대한민국의 흥망이 달려있다고 보아도 과언이 아니며, 인력자원 활용문제의 해결 없이는 선진부국의 길은 요원하기만 하다.

◇ 오늘 자신을 있게 한 것은 좋아하는 일을 찾아서 열정을 갖고 일하면서 인생을 낭비하지 않았기 때문이다.

— 미국의 최고 부자 워렌 버핏 —

◇ 뜻이 있으면 영원히 살기 위하여 노력하라.

— J. 홀랜드 —

◇ 일에 대한 사랑은 천해지고 약해지는 것을 막는 최선의 방책이다.

— 새무얼 스마일즈 —

◇ 너무 오래 멈춰 있으면 얼어붙는다. 계속 일하라. 일하는 것이 오래 사는 길이다.

— 미국의 100세 원스턴 —

◇ 정직한 삶에는 정직한 일과 땀이 필요하다.

◇ 인간은 일을 통해 강해진다.

◇ 쉬운 일만 골라 하는 것은 스스로를 왜소화 시킨다.

인간이 무너지고 사회가 파괴되는 7가지 요인은

① 노동이 없는 부

② 양심이 없는 쾌락

③ 인격이 없는 지식

④ 윤리 없는 기업

⑤ 인간 존엄이 무시된 과학

⑥ 희생 없는 종교

⑦ 신념이 없는 정치 지도자(인격이 부족한 지도자)이다.

삶의 의미는 기쁨과 즐거움뿐만 아니라 고통과 시련에도 존재하며, 적극적인 삶은 고통과 공포 속에서도 생산적인 가치를 실현할 기회를 인간에게 부여한다.

고난 없이 이루어지는 일은 없다. 고난을 각오하고 나가면 미래는 이루어진다.

◆ 삶이 있는 곳에 일이 있다. 왜 나는 일하는가? 살기 위해 일한다.

◆ 사람은 일하기 위해 태어났다. 일하지 않으면 먹지도 말라.

◆ 삶의 보람은 일. 인간은 일을 포기하면 죽는다.

◆ 위(胃)를 가진 사람이 살고 있으면
   일을 가지고 있어야 한다. 일은 생명과 행복한 삶을 준다.

◆ 인간은 일을 통해 강해진다.
   너는 너희 이마의 땀으로 너의 빵을 얻지 않으면 안 된다.

◆ 뜻이 있으면 영원히 살기 위해 일하라.
   정직한 삶에는 정직한 일과 땀을 필요로 한다.

5

변해야 산다

◆ 변화(變化)가 없이는 성장발전(成長發展)이 된다는 보장(保障)도
없다.

- 변화 속에 살아가기 -

우리는 변화 속에 살고 있다. 그리고 온 세상은 변화무쌍하
다. 시간은 변화를 가져온다.

태양의 주위를 도는 지구의 변화처럼 변화의 흐름에 있지
않고는 또한 성장과 발전도 없다.

살아있는 모든 생물도 변화를 거부하면 죽는다. 그러므로
변화는 살아 있다는 증거다. 하루 이틀간은 겉보기에 똑같은
그 얼굴이지만 몇 십 년 세월을 살다 보면 언제 바뀌었는지,
젊은 얼굴이 늙은 얼굴로 변해 있다. 결국 우리가 살아남기 위
해서는 이미 생물학적으로도 변화해야 하는 운명을 살고 있

는 것이다.

「참고로 변화를 거부하는 진리는 있다. 높은 곳에서 낮은 곳으로 흐르는 물의 진리와 한 번 생자는 필히 멸한다는 생자필멸(生者必滅)하는 주관자(主管者)인 대자연의 신비(神祕)가 있다.」

오늘도 내일도 매일같이 도는 지구도 똑같은 궤도를 돌고 있다고 하나 눈에 안 보이는 변화의 궤도와 그로 인한 기온의 변화와 계절변화의 이변을 가져오면서 변화의 회전을 계속하고 있다. 진리와 가치관의 변화도 사고(思考)의 대전환(大轉換)에 의한 신사고(新思考)와 변화가 없이는 성장발전이 된다는 보장도 없다.

그러므로 변화를 두려워하는 사람은 발전을 보장받을 수 없다. 이는 시대발전의 대도정(大道程)이기도 하다. 또한 세계의 모든 국가의 통치권자는 대권을 받는 순간부터 치적(治積)이 되는 대변혁의 기록에 도전을 시도하면서 변화를 통한 발전을 만들어 나가기를 원한다.

"사람의 생각이 바뀌면 행동이 달라진다."는 것은 정한 이치, 낡은 것을 파괴하고 새로운 것을 창조하는 창조적(創造的)인 변화를 추구해야 한다. 그러나 생각을 바꾼다는 것이 그리 쉬운 일만은 아니다.

처해 있는 상황을 정확히 판별할 줄 아는 밝은 이성과 자신의 일부를 도려내는 아픔이 있어야 하고, 현실적인 걸림돌을 과감히 제거하고 실천에 옮기는 강한 의지가 있어야 한다.

지금 여기에서 변화 없는 하루를 보내며 한곳에 머무르는 것은 천년을 잃어버리는 것과 같고, 하루 동안의 여행으로 지구를 한 바퀴 돌아 왔다면 일생을 천년처럼 폭넓게 사는 것과 같은 큰 변화의 격차를 조성하게 된다.

◇ "만물은 끊임없이 변한다."
— '헤라클레이토스(고대 그리스의 철학자)'의
만물유전(萬物流轉) —

◇ "변화하는 여건에 적응하는 생물만이 살아남는다."
— '찰스 다윈'의 진화론 —

진리에는 영원한 진리와 변화를 거듭하는 진리가 있다. 변화하는 시대에 변화하지 않는 사람은 살아남지 못한다. 현대는 격변의 시대다. 국가도 변화와 개혁의 시대에 신속히 대처하지 못하고 회피한다면 역사로부터 외면당할 것이며, 변화하는 세계에 제대로 대처하지 못한 낙오된 국가로 전락될 것이다.

그리고 세계와의 치열한 경쟁에서 살아남기 위해 기업들도

일대 변신이 요구되고 있으며, 정상을 달리고 있는 삼성의 이건희 회장 또한 부인과 자식을 빼고 전부를 바꿔보겠다는 단호하고도 강력한 살아남기 위한 변신의 추진 의지를 보였다.

현재는 과거에서 변해 온 것이고, 현재는 미래로 변해가야 하는 운명을 가지고 있다. 그러므로 현재는 과거에 붙잡혀 있지 말아야 하며, 미래를 불안해하지도 말고 손을 맞잡아야 밝은 미래를 기약할 수 있다. 미래는 과거를 필요로 한다. 과거와 현재가 싸우면 미래가 망한다.

◇ 변화(變化)를 적으로 만들지 않고 친구(親舊)로 만들겠다.
— 클린턴 미국 대통령의 취임사 —

◇ 우리가 변화의 개혁을 회피하면 역사로부터 외면당할 것이다. 변화하는 세계에 제대로 대처하지 못하면 우리는 선진국의 문턱에서 주저앉고 말 것이다. 도약하지 않으면 낙오할 것이다.
— 김영삼 대통령의 취임사 —

◆ 보잘것없는 작은 일이
   흔히 우리 생활에 커다란 변화를 주는 수가 있다.
                              − 링컨 미국 16대 대통령 −

◆ 인생의 에너지 활용과 지속적인
   변화가 멈춘다는 것은 죽음을 의미한다.
                              − 엘리스터 크클리 −

◆ 변화의 흐름에 있지 않고는 성장과 발전이 된다는 보장도 없다.

◆ 살아있는 모든 생명은 변화를 거부하면 죽는다.

◆ 인간은 변화의 운명 속에 살고 있다.
   변화를 두려워하는 사람은 발전 된다는 보장도 없다.

◆ 낡은 것을 파괴하고,
   새로운 것을 창조하는 창조적 변화를 추구해야 한다.

◆ 변화하는 여건에 적응하는 생명만이 살아남는다.

◆ 현재는 과거에서 변해 온 것이고,
   현재는 미래로 변해가야 하는 운명을 가지고 있다.

◆ 변화하는 시대에 변화하지 않는 사람은 살아남지 못한다.

02

서로 사랑하세요

남을 자기와 같이 사랑하라.
사랑하고 또 사랑하라 그리고 용서하라.
"여러분! 사랑하면서 사세요."

– 김수환 추기경의 말 –

서로 사랑하세요

◆ 고맙습니다. 서로 사랑하세요.

― 김수환 추기경 마지막 메시지 ―

사랑에는 자기 사랑(愛己)이 있고, 어버이와 자식 간에 사랑(父母愛)도 있고, 형제간 사랑(兄弟愛)도 있으며, 이웃 간의 사랑도 있다. 사랑에는 고향사랑(愛鄕)도 있고, 나라와 민족사랑(愛國愛族)도 있다. 사랑에는 이성 간의 사랑도 있고, 친구 간의 사랑도 있다. 사랑에는 스승과 제자 간의 사랑도 있으며, 사랑에는 동족 간의 사랑도 있고, 국가와 민족을 넘어선 이국인과의 인도적인 사랑도 있다.

사랑은 베푸는 것과 주는 것, 그리고 받는 사랑도 있다. 사랑에는 서로 간의 사랑도 있고, 남을 자기처럼 사랑하는 것도 있다. 사랑은 가난하고 어렵고 고통을 받는 사람에게 필요하며, 한편 용서를 필요로 하는 사랑도 있다.

이처럼 인간이 사는 세상에 사랑으로 안 이루어지는 것이 없고, 인간이 있는 곳에 사랑의 씨앗은 생명을 잉태시킨다.

사랑은 말하기는 쉽고 실행하기는 어려운 일, 말로 하는 백 가지 사랑이 있어도 한 번 실천하고 행동으로 옮기지 않으면 아무 소용이 없다.

사랑은 감성본능(感性本能)에서 나오는 것, 그리고 마음속에서 우러나오는 것. 사랑은 생명력이 있으며 생명이 있는 모든 것에 대한 정(情)이 사랑이다.

사랑의 눈으로 세상을 바라다보면 온 세상이 사랑스럽다. 사랑은 받기를 원하기 전에 주기를 선행해야 하는 것으로, 남에게 사랑받고 싶으면 먼저 남에게 사랑을 베풀어야 한다. 그리고 베푸는 사랑은 대가 받기를 필요로 하지 않는다.

인간(人)으로서 옳은 삶은 소유에 있지 않고 나눔에 있다.

사랑은 자신을 내어주는 것. 사랑은 그 무엇을 초월하여 있는 것. 그리고 원수를 초월하여 용서하며, 부정적 생각을 초월하여 각자 고유의 의미를 살리는 것이다. 그리고 용서가 있는 곳에 사랑의 꽃이 핀다.

사랑은 먼 곳에 있는 것이 아니라 가까이에 있다. 그래서 사랑은 세상에서 가장 아름다운 것이고, 사랑은 세상을 움직이고 세계를 만든다. 사랑이 있는 곳은 흐뭇하고 행복이 있고, 사랑이 있는 곳은 따뜻하고 그리고 화려하다. 그래서 사랑의 눈으로 세상을 바라보면 온 세상이 사랑스럽고, 경이롭다.

사랑하는 기쁨에 태양이 빛나고, 사랑하는 슬픔에 달빛이 흐려진다. 사랑이 올 때면 당신이 웃고, 사랑이 갈 때면 당신이 운다. 사랑은 무한(無限)한 것, 있으면 있는 대로 좋은 것 그리고 끝없이 좋은 것.

세상에서 가장 큰 힘은 사랑의 힘이다. 어떠한 어려움도 사랑의 힘으로 다 이루어진다. 세상에서 어려움과 고통을 받는 사람들을 사랑으로 보듬어 주고 감싸주며, 그리고 비워진 자리를 사랑으로 채워야 한다. 그래서 '톨스토이'는 "사랑이 있는 곳에 하나님이 있다."고 하였다.

하느님은 사랑으로 온 세상 만물을 탄생시키는 위대한 선물을 주었다. 그러므로 모든 생명체는 사랑으로 이어져 있으며, 사랑으로 생명이 탄생하고, 사랑의 생명력으로 성장·발전하고, 사랑을 후대에게 물려주는 생을 사는 것이다. 사랑이 없는 생은 의미가 없다. 사랑의 끝은 인생의 종말을 의미한다.

생전에 사랑을 몸소 실천하며 살다 간 김수환 추기경은 "나는 바보입니다. 하나님은 위대하시고, 사랑과 진실 그 자체인 것을 잘 알면서도 마음 깊이 깨닫지 못하고서 살았다."고 하면서, "사랑이 머리에서 가슴으로 내려오는 데 칠십 년이 걸렸다."고 한 이야기는 우리에게 진실된 사랑이란 그 자체가 얼마나 숭고하고, 연륜의 위력을 갖는 위대한 것임을 알게 해 준다. 그러므로 사랑은 명석한 머리에 있지 않고 따뜻한 마음에 있음을 일깨워 준다.

이와 같이 '사랑의 실행은 서로의 마음 나눔'에서 시작되는 '나'와 '너' 사이의 상호 일체성에서 이루어지는 것이다.

그리고 사랑에는 헌신적인 자기희생이 따른다. 아프리카 수단에서 헌신적인 삶을 살다간 성자(聖子) '이태석' 신부는 자신이 암 말기 고통으로 투병하면서도 이역만리 먼 땅에서 전쟁과 가난, 질병으로 허덕이는 사람들을 위해 오로지 사랑으로 의료, 교육, 봉사의 삶을 실천하다가 불혹(不惑)이라는 48세의 꽃다운 나이로 선종하였다. 그는 2009년에 지은 유일한 책 『친구가 되어 주실래요』가 10만 부 넘게 팔리고 사후에 나온 영화(다큐멘터리) '울지 마 톤즈'에는 오늘도 지구촌 곳곳에서 수십만 명의 관람객이 몰리고 있다.

'이태석' 신부의 예는 참된 고귀한 사랑은 헌신적 희생이 있어야 가능하다는 것을 일깨워준다. 남에게 헌신하는(남을 사랑하는) 삶이 누구보다도 값있는 인생을 사는 것이다.

◇ 사랑을 받으려면 먼저 사랑하라!

— 로마의 철학자 '세네카' —

◇ 용서가 있는 곳에 사랑의 꽃이 핀다. 용서하며 살면 암도 치료 할 수 있으며, 용서처럼 훌륭한 보약은 없다. 용서하지 못하고 꼬여 있으면 스트레스의 노예가 된다.

— 암수술 명의 이병욱 박사 —

부모와 자식 간의 사랑에는 내리 사랑과 올림 사랑이 있다. 내리 사랑에는 부모가 자식에게 베푸는 인간 본능의 눈물이 담겨있는 감성적인 부분이 있으며, 올림 사랑에는 부모의 은혜에 보답하는 도리(道理)의 사랑으로 이성적인 부분이 있다.

경천애인(敬天愛人) : 하늘을 공경하고 사람을 사랑하라! 한국인 최초로 미국의 물리학회장을 지닌 '김영기'(시카고대 석좌교수)는 11년 전에 돌아가신 아버지에게서 물려받은 자필 액자의 경천애인이 하늘의 이치(자연의 섭리)를 받아들이는 과학자인 나에게 딱 맞는 뜻이라 자신의 좌우명으로 삼았다고 하였다.

◆ 남을 자기와 같이 사랑하라. 사랑하고 또 사랑하라!
　그리고 용서하라. 여러분 사랑하면서 사세요.

　　　　　　　　　　　　　　　- 김수환 추기경 -

◆ 사랑은 소유에 있지 않고, 나눔에 있다.
　그리고 대가 받기를 필요로 하지 않는다.

◆ 사랑이 있는 곳에 하나님이 있다. 그러므로 사랑은 위대한 것.

◆ 사랑은 무한(無限)한 것.
　있으면 있는 대로 좋고 그리고 한 없이 좋은 것.

◆ 원수를 사랑하라! 용서가 있는 곳에 사랑의 꽃이 핀다.
　그러므로 사랑은 세상에서 가장 아름다운 것이다.

◆ 인간이 사는 곳에 사랑의 씨앗은 생명을 잉태시킨다.

◆ 사랑의 눈으로 세상을 바라보면 온 세상이 사랑스럽다.

마음먹기

◆ 세상의 모든 것은 사람의 마음먹기에 달려있다.(一切唯心造)

– 화엄경, 석가의 가르침 –

기쁨과 괴로움을 만들고 있는 것도 자신의 마음이고, 이를 붙들고 있는 것도 이를 놓아줄 수 있는 것도 자신의 마음이다. 그러므로 즐거움과 기쁨, 그리고 슬픔과 괴로움 등 감성으로 일어나는 모든 것은 마음에서 이루어지고 만들어진다.

내 마음이 있으므로 생각하고, 내 생각이 있어 온 세상이 있다. 모든 것은 결국 자기 마음으로부터 시작하고 자기 생각으로 끝난다. 어떤 시련이 닥쳐도 이를 극복할 수 있는 것은 마음먹기에 달려있다.

내 마음이 존재하지 않는다면, 우주가 탄생하든 말든 신이 있든 말든 어떤 의미가 있겠는가? 부처, 예수, 공자로부터의 깨달음이라는 것도 모두가 필요 없는 것이다. 그래서 내 마음이 존재함으로써 그 모든 것들이 존재하는 것이고 깨달음도 있는 것이며, 그리고 마음속에 예수와 부처가 있는 것이다.

'맹자(孟子)'는 무항산(無恒産)이면 무항심(無恒心)이라 하여 떳떳한 가짐이 마련되어 있지 않으면 떳떳한 바른 마음을 지닐 수 없다고 하여 마음보다 재물이 먼저 있음을 강조하고 있으나, 필자는 '무항심'이면 '무항산'이라고 마음이 먼저라고 생각한다. 그래서 "모든 것은 마음먹기에 달려있다"고 생각하며, 내가 있어야 오늘이 있고 세계가 있으며, 내 마음에 하늘과 땅, 봄이 있다(心有天地春)고 생각한다.

자신의 마음먹기에 의해 멋있게 살아가는 여러 가지 방법들이 있다. 감사하며 살고, 최선을 다하며 살자. 오늘을 가장 멋있게 살며, 정답게 살자. 참회 기도하며 살고, 매사에 적극적이고 긍정적으로 살자. 그리고 열린 마음으로 살고, 평안한 마음과 다 함께 용서하는 마음으로 살자.

산다는 것은 행복하고, 즐거운 것. 항상 마음을 열고 열린 마음으로 편안하게 살아야 한다. 저 수평선 너머로 내 온 마음을 던져라. 그러면 내 몸이 그 마음을 뒤따를 것이다. 당신의 온 마음을 다 바치면 믿음의 능력은 기적을 몰고 올 것이며, 자기가 있어야 세상이 있고 자기로부터 모든 것이 이루어지며, 내가 있으므로 오늘의 세계가 있다.

◇ "마음이 생기면 가지가지 현상이 생기고, 마음이 꺼지면 가지
　가지 현상이 없어진다."

－ 대승기신론, 원효대사 주석 －

「하느님이 사람에게 주신 선물 중에 가장 고귀한 선물인 마음에는 선과 악을 선택하는 자율권이 있다. 이 자율권은 삶을 만들어 나가는 요술방망이가 되어, 마음먹기에 따라 인생을 지배하며 삶을 결정한다. 신앙에 의하거나 마음 닦음과 깨달음으로 완성해가는 '마음 밭갈이'의 능력이 주어진 것이다.」
"세상의 모든 것은 오직 사람의 마음먹기에 달려있다"고 한 '석가'의 가르침으로 해골에 고인 물도 마음먹기에 따라 감로수가 됨을 깨달은 '원효대사'가 중생의 영원한 스승이 되었음을 진정으로 깨우쳐야 할 것이다.

◆ 세상의 모든 것은 오직 마음먹기에 달려있다.

◆ 기쁨과 피로움을 만들고 있는 것도 자신의 마음이고,
   이를 붙들고 있는 것도, 놓아 줄 수 있는 것도
   자신의 마음뿐이다.

◆ 내 마음이 있으므로 생각하고,
   내 생각이 있으므로 온 세상이 있다.

◆ 모든 것은 자기 마음으로부터 시작하고,
   자기 생각에서 끝난다.

◆ 내 마음이 존재하므로 그 모든 것이 존재하고
   그리고 깨달음도 있다.

◆ 마음이 생기면 가지가지 현상이 생기고,
   마음이 꺼지면 가지가지 현상이 없어진다.

3

가장 소중한 것 시간(時間)

◆ 만약 시간이 모든 것 중에서 가장 귀중한 것이라면 낭비된 시간
  은 당연히 최대의 낭비라 할 수 있다.

- B. 프랭클린 -

시간은 생명이다. 생명이 있는 곳에 시간이 있다. 오늘의 생명은 시간에 의해서 존재한다. 그래서 시간이란 우리들의 생명이고, 전부라 해도 지나치지 않는다. 한번 지나면 영원히 다시 오지 않으며 다시 되돌아오지도 못한다. 그리고 모든 것은 지나는 시간이 지배하며 해결해 간다.

시간은 사람 사는 세상에서 가장 위대하고 소중한 것. 우리에게 주어진 시간은 절대로 무한하지 않다. 길거나 짧거나 한정된 시간. 잘 사는 사람은 시간을 귀하게 여기면서 잘 쓸 줄 아는 사람이고, 잘 못사는 사람은 모처럼 자기에게 주어진 소

중한 시간임에도 그걸 모르고 낭비한다. 그러므로 주어진 시간을 최대한 활용하기에 따라 미래가 달라진다.

자기에게 주어진 시간을 사랑하라! 내가 시간의 진짜 주인이니까.

시간은 어디서 오는 것일까? 해가 뜨고 달이 지면서 시간을 만들어간다. 해와 달의 인력에 의해 바닷물이 밀물과 썰물(干滿)이 되는 적시(適時)가 있듯이 시기와 철 따라 꽃피고 열매 맺는 적시가 있다. 인생도 초, 중, 노년기 시절을 따라가며 성숙된 삶을 위한 성장 적기와 배움의 적시도 있는 것이다. 그 어느 시대든 적시의 시대정신이 세계를 지배해 나간다. 이렇게 모든 것(萬物)이 때를 갖고 있으며, 그 때(時)를 놓치면 결실을 이룰 수 없는 자연의 섭리가 존재한다. 한 번 지난 시간은 다시 돌아오지 않는 것처럼, 인생도 한 번 지나면 다시 돌아오지 않는다. 시간과 인생은 흘러가기만 한다.

생명은 남은 시간 속에 있다. 그러므로 시간은 생명이다.

104세의 '희노하라'(일본인) 노인이 생명수업 100회 강연에서 수강생 아이들에게 "너희의 생명이 어디에 있는 것 같니?" 하고 물었더니, 아이들의 대답은 "심장에 있어요. 머리에 있어요." 하고 대답한다. '희노하라' 노인이 고개를 저으면서 "생명은 너에게 남은 시간 속에 있다." "어려서는 너를 위해 시간을 써라! 하지만 자라면서는 남을 위해 시간을 많이 쓴 사람이 천국에 간다."라고 말하였다.

인생은 시간 속에 살며 시간과 더불어 살아가는 것. 흐르는 시간은 잡지를 못한다. 한 번뿐인 인생이며, 시간은 두 번 다시 오지 않는 것. 그러므로 한 번뿐인 매 시간에 열심히 삶을 충실하게 채워나가야 한다.

시간은 기회를 만들며 흘러간다. 시간과 기회는 그 누구에게도 기다려 주지 않으며, 잡는 자의 몫으로 돌아간다. 자기에게 주어진 시간을 활용하는 데 있어서, 낭비하지 말고 아껴(절약)서 자기계발에 사용하도록 노력해야 한다. 그리고 사용하다 남은 자투리의 짧은 시간도 모이면 엄청난 시간이 되므로 (귀중한 삶의 일부분이므로) 결코 소홀히 흘려보내는 일이 없도록 해야 한다.

오늘 하루의 시간이 오늘의 성패를 좌우하게 된다. 그러므로 오늘의 시간이 당신의 삶을 결정하게 되는 것이다. 어제의 지난 시간은 이미 사라져버린 시간이며, 내일의 시간은 앞으로 올 불확실성인 시간이고, 오직 오늘을 사는 현재의 시간만이 생명력 있는 시간이기 때문에, 오늘에 충실하며 최선을 다하며 살아야 하는 것이다.

산에서 해가 서산(西山)에 지면 서둘러 내려가야 하는 것. 인생의 시간도 저물어 가면 서둘러 내려갈 길을 찾아야 한다. 해도 뜰 때면 찬란하지만 질 때면 아름다움의 아쉬움이 있듯이, 인생의 출발은 아름답지만 종착은 추억을 남기는 외로운 여행길과 같다.

유년의 시간은 청산을 바라보듯 아름답고 행복하며, 젊은 청장년의 시간은 태산처럼 희망찬 욕망과 정열이 넘치며, 온 세상이 자기 것으로만 보이고 그리고 노년의 시간은 모든 욕심을 버리고 평범한 농부처럼 자연과 더불어 같이 살고자 했던 꿈을 찾게 되는 것이다.

나의 인생에도 청춘의 봄은 있었는가! 시간이 흐름은 멈추지 않고 인생의 흐름도 잡지 못한다. 유수(流水) 같은 세월, 못 잡는 세월. 또 한 해를 넘기고 나면 돌담 하나 더 얹어놓고 "아! 세월은 갔으나 나는 흐르는 세월 보내지 아니했는데." 하고 마음 한번 달래 보겠지. 그리고 무정한 세월은 나를 기다려 주지도 않는다고 원망도 하겠지.

당신의 시간을 유용하게 활용하기

◇ 삶의 설계는 반드시 계획성 있는 시간으로 설계되어야 한다.

◇ 자기 시간을 효율적으로 사용하기 위해 쪼개서 쓸 수 있는 방

법을 연구해보자.

◇ 자신의 소중한 시간을 연습으로 살지 말고 실전으로 살아야.

◇ 궁하면 통한다는 원칙에 해당되지 않는 것은 오직 시간뿐이라
  는 것을 명심하자.

◇ 즐거운 시간은 빨리 지나가고 괴로운 시간은 느리게 지나간다.

◇ 여가 시간을 활용하여 새 출발의 기회를 가질 수 있는 시간으
  로 삼아라.

◇ 시간은 만인(萬人)에게 공평하다. 누구에게나 하루는 24시간
  이다.

◇ 시간은 사고 팔 수도 없다. 그리고 저축할 수도 없고, 남에게 빌
  려 쓸 수도 없다.

◇ 오늘의 시간은 내 편이 될 것이라는 긍정적인 사고(思考)로 삶
  을 살아가자!

위인들이 말하는 소중한 시간

◇ 시간만큼 낭비하기 쉬운 것도 없으며 시간만큼 귀중한 것도 없
  다. 이것이 없다면 우리들은 이 세상에서 아무 일도 할 수 없
  는 것이니까.

– 윌리엄 펜 –

◇ 시간은 황금보다 더 귀중하다. 잃어버린 시간은 다시 오지 않는다.

— 카네기 —

◇ 시간을 얻는 사람은 만물을 얻는다.

— 디즈랠리 —

◇ 인생을 사랑하느냐? 만일 사랑한다면 시간을 낭비하지 말라. 시간은 인생을 이루는 요소이다.

— 프랭클린(미국의 정치가) —

◇ 시간은 누구나 가지고 있는 유일한 자본이다.

— 발명왕 에디슨 —

◇ 시간의 걸음걸이는 사람마다 다르다.

— 세익스피어 —

◇ 일기일회(一期一會). 우리에게 오는 시간은 일 회의 기회만을 준다.

— 법정스님 —

◆ 시간은 누구나 가지고 있는 유일한 자본이다.

- 에디슨 -

◆ 시간은 생명이다. 생명이 있는 곳에 시간이 있다.

◆ 시간이 모든 것 중에서 강장 귀중한 것이라면,
   낭비된 시간은 최대의 낭비라 할 수 있다.

◆ 오늘의 생명은 시간에 의해 존재한다.
   그래서 시간이란 우리들의 생명의 전부이다.

◆ 한 번 지난 시간은 영원히 다시 오지 않으며,
   다시 되돌아오지 못한다.

◆ 자기에게 주어진 시간을 사랑하라.
   내가 시간의 진짜 주인이니까.

◆ 나의 생명은 남은 시간 속에 있다. 시간은 생명이다.

◆ 어려서는 자기를 위해 시간을 써라! 성장하면서는
   남을 위해 써라! 남을 위해 많이 쓴 사람이 위인이다.

길에는

◆ 인생 여정의 길을 잘못 들면 아무리 뛰어도 소용이 없다.

— 폴로 —

　인생 여정에 길을 찾아 헤매기도 하고, 안 가본 새 길을 찾아서 생전 처음 가는 길을 어제도 가고 오늘도 가 본다. 길이라는 것은 내가 다니고 다른 사람도 다니기 시작하면 다음부터는 훤히 트인 길이 되며, 뒤에 오는 모든 사람들의 희망의 길이 된다.

　길에는 희망의 길이 있는가 하면 절망의 길도 있고, 훤히 탁 트인 대로가 있으며, 다정한 좁은 골목길도 있다. 그리고 대낮 같은 길도 있으며 캄캄한 밤길도 있다.

　길에는 주인이 없다. 길을 가는 사람이 주인이다.

　가시밭길을 뚫기 위해서는 넘어질 수도 있지만 옳은 길이라고 생각하면 의연하게 앞으로 걸어 나가야 한다. 그리고 가는 길이 정당하고 옳은 길이라면 절대 포기해서도 안 된다.

길에는 충효(忠孝)의 바른 길도 있고 탈선의 샛길도 있다. 또한, 길에는 택(擇)하고 따르는 길도 있고 버리고 안 갈 길도 있다. 나를 바르게 하고(正己), 마음을 바르게 먹고(正心), 행동을 바르게 하며(正行), 바르게 사는 정직(正直)과 바르게 보는 정견(正見), 바르게 생각하는 정고(正考) 등 모든 정도(正道)의 바른 길을 택하면 하늘이 열리는(開天) 즉, 하늘의 복을 받는다. "길도 잘못 들면 아니 감만 못하고, 길이 아니면 가지 말라", 그리고 "뜻이 있는 곳에 길이 있다."고 한다. 그러므로 정도개천(正道開天), "바른 길을 가면 하늘이 열린다."고 하였다.

한 우물을 파라. 목적을 이루기 위해서는 앞만 보고 달려가는 황소 같은 우직함도 필요하다. 그러나 처음 '길'을 잘못 들면 끝내 실패하며, 첫 단추를 잘못 끼우면 마지막에 끼울 구멍이 없다. 바로 바꿔 끼워야 한다.

자신 스스로 결정을 해야 할 일이 허다하게 많다. 해야 할까 말아야 할까, 이 길로 가야 할까 저 길로 가야 할까, 어느 쪽을 선택해야 좋을지 등등.

흔히 성공할지 망설일 경우 시기를 놓치거나 결과 또한 너무나 허망한 경우가 있다. 불확실(不確實)한 미래를 향하여 어떻게 시작해야 좋을까? 모든 결정은 50대 50에서 어느 한쪽에 +1%일 때 결행을 하라고 한다. 너무 가능성에만 비중을 두면 선택의 시간은 속히 주어지지 않기 때문에 결행의 지연으로 성공이 극히 힘들다고 한다. 모든 일이 그러하듯 즉, 80%나 90%까지 자신에게만 유리하게 특정(特定)하게 좋은 조건이란 거의 없다. 모든 일은 0순위에서 출발하게 되는 것이며, 결승 목표를 놓고 출발 시점이 조금씩 다를 뿐이다.

최선을 다함에 길이 있고, 정성을 다함에 열림이 있다고 하였다(盡人事待天命, 至誠이면 感天이다). 그리고 길이란 항상 도전하는 사람에게 열린다. "나는 길이요, 진리요, 생명이다."라는 '예수'의 가르침과 "스승이란 단지 길을 가리키고 있는 자일 뿐"이라는 '석가'의 가르침을 숙고해 보라.

산행길 걷기에서 얻는 깨달음

'석가'가 태어난 곳, 득도(得道)한 곳, 첫 수도(修道)한 곳, 열반에 오른 곳의 사대성지(四大聖地) 순례는 농로(農路) 걷기로부터 시작하였으며, '석가'가 직접 제자에게 마지막으로 가르쳐준 최고의 수행법이며,

먼 위로 서산대사(西山大師)를 비롯한 지금의 법정스님에 이르

기까지 많은 고승들은 명산명찰 산행의 걷기에서 먼저 자신의 마음을 닦으며 깨달음을 얻고, 많은 중생들의 앞길을 가르치고 깨우쳐 주었으며, 건강한 삶을 살도록 하였다.

◇ 산 속에 난 좁은 길도 계속 다니면 금방 길이 만들어지지만 다니지 않으면 풀이 자라 길을 막는다. (山徑之蹊間 介然用之而成路 爲間不用 則芽塞之矣)

― 맹자 ―

◇ 때로 삶이 힘겹고 지칠 때 잠시 멈춰 서서 내가 서있는 자리, 내가 걸어온 길을 한번 돌아보라. 편히 쉬고만 있다면 과연 이만큼 올 수 있었겠는지! 힘겹고 지친 삶은 그 힘겹고 지친 것 때문에 더 풍요로울 수 있다.

― 중국 노신 ―

◇ 새하얀 눈길, 첫 발 찍는 재미로 살았다. 네가 간 길을 이제 내가 간다. 그곳은 아마도 너도 나도 모르는 영혼의 길이 될 것이다. 그것은 하나님의 것이지 우리 것이 아니다.

― 초대 문화부 장관 이어령 ―

건강한 삶을 위해 올레길을 걷는다

건강이 대세인 요즘 제주 올레길 걷기가 대 유행이다. 올레길을 걸으면서 위대한 자연으로부터 배움과 깨달음으로 오늘의 삶을 되돌아보며, 몸과 마음의 건강을 함께 만들어 가는 일석이조(一石二鳥)의 삶의 지혜를 얻는다.

올레길을 걸으면서 삼라만상의 진리가 땅에 있다는 불교의 교리가 아니어도 흙을 밟으며, 지기(地氣)를 얻으며 흙내음을 들이킨다. 한라산을 타고 불어오는 산바람을 등에 업고, 오름자락을 걸으면 탁 트인 넓은 바다에서 갓 올라온 해풍과의 만남으로 산과 바다와 영원의 시간과의 교감을 갖는다.

그리고 돌담을 돌며 평화로이 걸어가는 길에는 들꽃이 피고, 나비가 놀며 벌레소리, 새소리, 갈매기 놀고 파도가 춤추는 등 온갖 대자연의 숨소리와 같은 향연은 인생에 있어 건강한 삶과 호연지기(浩然之氣)를 얻게 한다.

아름다운 세계 자연유산과 매력있는 지질공원 등 7대 경관으로 각광받고 있는 곳 제주! 오름과 바다, 돌담이 어우러진 올레길에서 예술인들의 음악, 무용, 시낭독과 마을 주민들과 어우러진 향토 공연이 함께 펼쳐지는 한마당 걷기 축제에 세계인들이 매혹되어 몰려오고 있다.

◆ 빨리 가는 사람은 혼자 길을 떠나지만
   멀리 가는 사람은 여럿이 함께 간다.

- 아프리카 속담 -

◆ 길을 잘못들면 아무리 뛰어도 소용이 없다.
   길에는 희망의 길과 절망의 길도 있다.

◆ 길에는 주인이 없다. 길가는 사람이 주인이다.
   가는 길이 바른 길이라면 절대로 포기해서는 안된다.

◆ 길에는 택(擇)하고 가는 길과 버리고 안 가는 길도 있다.
   바른 길(正道)을 택하면 하늘이 열린다(開天).

◆ 길도 잘못 들면 아니 감만 못하고,
   길이 아니면 가지 말라! 뜻이 있는 곳에 길이 있다.

◆ 최선을 다함에 길이 있고, 정성을 다함에 열림이 있다.
   길이란 항상 도전하는 사람에게 열린다. 나는 길이요, 진리요,
   생명이다. 스승이란 단지 길을 가리키고 있는 자일 뿐이다.

5

배움에는

◆ 우리는 배움을 얻기 위해 이 세상에 왔다. 태어나는 순간 누구
나 예외 없이 삶이라는 학교에 등록하는 것이다. 배움을 얻는다
는 것은 자신의 인생을 사는 것을 의미한다.

— 정신의학자 엘리자베스 퀴블러로스 —

인생은 배움(학습)**을 통해 이루어진다.** 만사를 배움으로 개
척해 나가는 사람, 배움은 아무리 많이 배워도 넘칠 수 없다.
평생 배움으로 살며, 독서로써 많은 지식을 얻는 사람, 배움
은 어느 특정인(선생님)에게서만 배우는 것이 아니라고 생각하
는 사람, 배움에는 때와 장소를 가리지 않고 배우는 사람 등
이 있다.

『논어』에 "셋 이상이 여행하는 경우 반드시 선생이 있다(三
人行必有我師)."는 것은 배움에는 너와 나가 따로 없다는 뜻이다.

"모든 사람이 나에게 스승이다(萬人我師)." 배움에는 국경도 없고 신분 차이도 없다. 그리고 선생님에게서만 배우는 것도 더더욱 아니다. 신분이 높은 사람이나 낮은 사람에게서나 구별 없이 배워야 한다.

인간은 배우면서(학습을 통해) **성장한다.** 평생 배움에는 노소(老少)도 없다. 어른이 아이에게서 배울 수 있고 윗사람(책임자, 주인, 사장, 형 등)도 아랫사람에게서 배울 수 있다. 심지어는 임금(王)도 백성에게서 배우고, 대통령도 국민에게서 배워야 한다.

그래서 안중근 의사도 "민첩하게 배우기를 좋아하고 아랫사람에게 묻는 것을 부끄러워하지 말라!"고 하였다(敏而好學 不恥下問).

사람은 어머니 뱃속에서부터 태교의 배움으로부터 시작하여, 세상에 나온 후 생명을 다할 때까지 배우면서 살아야 하는 운명을 가지고 있다. 즉, 배움으로부터 시작하여 배움으로 끝나는 인생이다. 그리고 자연의 만물의 섭리가 배움의 터전이다(萬物我師).

태교에서 특히 예비 엄마는 지성(智性)보다 덕성(德性)을 가짐이 중요하다. 훌륭한 아이를 낳고 싶으면 마음가짐을 착하고 선(善)한 덕성으로 가지고 있어야 하고, 육아 교육에는 다른 어린이들과 더불어 노는 방법을 가르쳐야 하며, 유치원 교육에서는 질서와 선생님 말의 권위를 지키는 법을 배워야 한다. 특히 도덕성, 사회성, 인간기초 교육 등의조기교육이 잘 되어야 바른 사회가 되며, 나라의 미래가 밝게 된다.

덕승재(德勝才. 덕성이 재능을 이기는 교육) **교육관 갖기**, 학부모들이 자식교육에서 성숙된 교육관을 가지고 지식공부나 기능만 잘 하기를 바라기 전에 '덕성(德性)'과 예절 가르치기, 착한 마음 가지기, 더불어 살기, 남을 배려하기, 책임감 갖기, 의무 이행하기 등 선진 사회에 적합한 기초의식을 배양해 나가야 하며, 스스로 옳은 가치를 지켜나갈 수 있는 인성과 윤리교육에 힘써야 한다.

실패를 통해서 성공하는 방법을 배워야 한다. 실패는 성공의 어머니라고 하며, 세상을 살면서 실패를 경험하고, 남의 실패를 통해서 인생에 많은 것을 배우며, 자신의 힘을 축적해 나가야 한다.

평생 배움의 방법으로 우리 모두는 끊임없이 배움을 실천하는 평생 학습자가 되어야(Life-long Learner) 한다.

"황금 많은 억만장자보다 자식 하나 잘 가르치는 것이 낫다(黃金百萬兩不如一敎子)."는 1910년 3월 여순(旅順) 옥중에서 쓴 안중근 의사의 휘호가 있다. 특히, 다른 애국지사보다 많은 유묵을 남겼는데 온 국민의 사표(師表)가 될 명구(名句)를 많이 썼으며,

출처 : 문화재청

오직 조국의 국권회복을 위하여 원대한 목표 아래 마음속 깊이 와 닿는 국민교육 장려의 정신을 압축시킨 휘호다.

자신에게 쏟아지는 밀물처럼 많은 지식과 지혜를 흡수해도 성장하는 데 필요한 만큼의 물만 빨아들이는 콩나물처럼 자신을 여과하는 장치를 통해 스스로 지켜갈 때 다양한 배움은 성장의 자양분이 된다.

『논어』에서는 배우기만 하고 생각이 없다면 얻음이 없고 생각만 하고 배움이 없으면 위태롭다 하였다.(學而不思則思而不學則殆)

'비스마르크'는 "나는 살고 있는 동안 배운다." 하였고, "어리석은 사람은 자기 경험에서 배우는 데 비해, 현명한 사람은 타인의 경험에서 깨닫는다."고 하였다.

'링컨'은 "만나는 사람마다 배움의 기회로 잡아라."라는 좌우명을 가지고 평생 교육에 힘썼으며, 배움이 그를 위대하게 만들었다고 하였다.

유태인의 속담에는 "이 세상에서 가장 현명한 사람이 누구냐, 모든 사람한테서 배우는 사람이다. 이 세상에서 가장 강한 사람이 누구냐, 자기와 싸워 이기는 사람. 이 세상에서 가장 부유한 사람이 누구냐, 자기가 가진 것으로 만족할 줄 아는 사람이다."라고 하였다.

몽고의 속담에서는 "옥은 닦아야 빛나고 사람도 배워야 미덕을 안다."고 하였다. "이처럼 배움이란 사람에게 없어서는 아니 될 필수 조건이며, 인생의 전부이다."고 하였다.

◇ 인내할 수 있는 고통을 달라. 나는 살고 있는 동안 배운다.

— 비스마르크 —

◇ 하루라도 책을 읽지 않으면 입안에 가시가 돋는다.

(一日不讀書 口中生荊棘)

— 안중근 의사 —

◇ 사람이 배우지 않으면 어둡고 어두운 밤길을 가는 것과 같다.

(人生不學이면 如冥冥夜行이니라)

— 명심보감 —

한국인 노벨상 수상자(평화상 제외)는 여태껏 한 사람도 없지만 유대인 수상자는 전체의 3분의 1이 넘는다고 한다. 이런 유대인의 노벨상 수상 수수께끼는 비단 지능지수(IQ) 때문만이 아니라는 것이다. 국민평균 IQ가 이스라엘은 95에 세계 26위이고 미국은 98에 19위라고 하며, 한국은 홍콩의 107 다음으로 106으로 2위다(2002년 핀란드 헬싱키대가 세계 185개국 조사 결과).

이에 대해 전문가들이 이야기하는 비결이라는 것은 유대민족 특유의 뿌리 깊은 가정 전통교육의 영향에 기인한 것이라고 하며, 아이들에게 항상 '배움은 달콤하고 즐겁게' 하라고 학습 습관을 심어주며, "고기를 그대로 주면 하루를 살지만, 고기 잡는 법을 가르쳐주면 평생을 살아간다."는 생존철학을 담고 있는 교육관이 있어서라는 것이다.

◆ 우리는 배움을 얻기 위해 이 세상에 왔다.
　배움에는 너와 나가 따로 없고 모든 사람이 나에게 스승이다.

◆ 사람은 배움에서 시작하여 배움으로 끝나는 인생이다.
　만물(萬物), 자연의 섭리가 배움의 터전이다.

◆ 실패는 성공의 어머니. 실패를 통해서 배우고
　실패를 통해서 현명해진다.

◆ 황금 백만장자보다 자식 하나 잘 키움이 낫다.
　만나는 사람마다 배움의 기회로 잡아라 (黃金百萬兩 不如一敎子).

03

100세 인생

마음 밭(心田) 갈이(心耕)

네 마음의 밭을 새로 갈아라!
농부들이 논밭을 갈고 생명의 씨앗을 뿌린다.
논밭을 가는 것을 농경(農耕)이라 하고
마음의 밭(心田)을 가는 것을 심경(心耕)이라 한다.

– 이스라엘의 예언자 '예레미야'의 말 –

100세 인생 마음 밭(心田) 갈이(心耕)

◆ "네 마음의 밭을 새로 갈아라! 농부들이 논밭을 갈고 생명의 씨
    앗을 뿌린다. 논밭을 가는 것은 농경(農耕)이라 하고 마음의 밭
    (心田)을 가는 것은 심경(心耕)이라 한다."

                              — 이스라엘의 예언자 '예레미야' —

미국의 현자 '윌리엄 제임스'는 "우리 세대의 가장 위대한 발
견은 인류가 자신들의 마음의 태도를 바꿈으로써 삶을 바꿀
수 있다는 사실이다."라고 하였다.
　자신들의 마음에 밭을 갈고 씨를 뿌리는 일(마음 밭갈이)로 삶
의 질을 높여 갈 수 있다. 『성경』에서는 "씨를 뿌린 곳에 열
매가 맺는다고 하였다." 그러므로 마음 밭갈이는 마음의 부자
로 가는 길이다.
　사람이 하루 세끼의 먹는 식량을 생산하는 데는 필수적으로

밭(田)을 갈고 씨를 뿌려야 하는 일 즉, 농경(農耕)이 있어야 하는 것처럼, 마음의 식량을 얻기 위해서는 마음 밭(心田)을 갈고 씨를 뿌려야 하는 심경(心耕)이 있어야 하는 것이다.

또한 몸의 병을 고치는 데는 의사를 찾아가야 하는 것처럼, 마음(정신)의 건강을 유지하기 위해서는 마음 닦음(修心)과 마음 다스림(治心)을 하는 마음 밭갈이(心耕)를 소홀히 해서는 아니 된다. 그러기 위해서는 위인, 선각자를 찾아 스스로 깨우치거나, 옛 성현으로부터의 가르침과 신앙생활에서 얻는 마음의 안정과 교정으로 삶의 질을 높여 나가야 한다. 즉, 내 마음 밭갈이 하며 100세 인생을 잘 가꾸어야 하는 것이다.

농사를 짓는 데는 밭을 가는 것이 무엇보다 중요하다. 일 년 농사를 지으려면 이른 봄부터 밭갈이와 씨뿌리기를 서둘러야 하는 것처럼 사람도 자아완성(自我完成)된 삶을 영위하기 위해서는 유년기 때부터 평생에 걸쳐 마음 밭(心田)을 갈고 씨 뿌리는 노력을 게을리해서는 안 된다.

그래서 옛 성현의 가르침에서는 봄에 밭을 갈고 씨를 뿌리지 않으면 가을 추수에 후회하며, 사람도 유년기 때부터 부지런히 배우지 않으면 늙어서 후회한다고 하였다(春不耕種秋後悔 小不勤學老後悔).

〈1857년 장프랑수아 밀레〉의 '만종'
(Jean-Francois Millet, 1814-1875)

사람은 원래 농경(農耕)을 통해서 계절 따라 작물과 호흡을 같이하는 정감(情感)있는 삶을 살아간다. 정말이지 농민이 아니고서는 이런 인생의 참맛을 느끼기 어려울 것이다. 그리고 자연의 이치에 완숙(完熟)의 고개를 숙이게 된다. 이것이 바로 밭을 가는 농경(農耕)에서 마음의 밭을 가는 심경(心耕)으로 가는 길이다.

그러므로 진정한 농부는 흙을 사랑하고 자연을 사랑하며 그리고 사람을 사랑할 줄 알고, 하늘에 감사할 줄 아는 사람이다.

필자는 밀레의 '만종' 그림을 무척 좋아한다. 해 저무는 조용한 밭에서 농민부부가 감사의 기도를 올리고 있다.

농사는 정직하다. 콩 심은 데 콩 나고, 팥 심은 데 팥 난다.

그래서 농심(農心)은 천심(天心)이라고 한다.

「원래 신(神)이 사람을 선천적으로 불완전하게 만든 것은 후천적 삶에서 마음 밭갈이(心耕)로 보완하면 살아가도록 만든 것이다.」

그러므로 농사는 사람을 정직하게 만든다. 그리고 인간은 신(神)이 아닌 이상 불완전을 완전히 극복하기란 불가능하다. 항상 완전한 삶을 향하여 매일매일 마음을 닦고 다스리고 그리고 깨우쳐야 한다. 즉, 마음 밭갈이(心耕)를 통하여 부족한 곳에는 땀으로 성실하고 최선을 다하는 삶을 살아갈 때 인생의 완성이라는 풍요를 만끽하게 될 것이다.

그래서 성경에서는 "우리 인생에 빛과 소금으로 살라"고 하였다.

'토마스 제퍼슨'은 "흙에 대한 숭배, 신에 대한 사랑 그리고 하고자 하는 의지가 필요한 농촌의 가치는 기본적으로 영적인 것이며, 농민들은 그러한 가치의 담지자(擔志者)이다."라고 하였으며,

'D-웹스터(미국정치가)'는 "농경(農耕)이 시작될 때 다른 기예와 심경(技藝와 心耕)이 뒤따른다. 그러므로 농민들은 인류 운명의 창시자이다."라고 하였다.

심경에 필요한 위인들의 이야기

◇ 경험보다 더 훌륭한 지식은 없다.

– 훌츠 –

◇ 훌륭한 습관은 훌륭한 인간을 만든다.

– 마틴 루터 –

◇ 성실보다 나은 지혜는 없다.

– 영국의 정치가 디즈랠리 –

◇ 양심에 거리낌 없이 행동하라.

– 존 애덤스의 가훈 –

◇ 자신이 할 일을 남에게 미루지 말라.

– 토마스 제퍼슨의 가훈 –

◇ 정의는 가장 위대한 힘이다.

– 에이브러햄 링컨의 가훈 –

◇ 신(神) 앞에 솔직하면 만사에 불가능이 없다.

- 카터의 가훈 -

◇ 남의 고생한 것에 의해 자신을 개조하라.

- 소크라테스 -

◇ 뜻이 있으면 영원히 살기 위하여 노력하라. 그리고 기다리라.

- J. 홀렌드 -

◇ 하늘은 거짓을 허용하지 않는다(天不容僞)

- 맹자 -

◇ 나는 생각한다. 고로 나는 존재한다.

- 데카르트 -

◇ 아름다운 사람은 열심히 사는 사람이고 최선을 다하는 사람은
포기하지 않는다.

- 처칠 -

◆ 논밭을 가는 것은 농경. 마음의 밭을 가는 것은 심경.
  마음의 태도를 바꿈으로써 삶을 바꿀 수 있다.

◆ 씨를 뿌리는 곳에 열매 맺고,
  마음의 밭갈이는 마음의 부자로 가는 길.

◆ 봄에 밭을 갈고 씨를 뿌리지 않으면 가을 추수에 후회한다.

◆ 사람도 유년기 때부터 부지런히 배우지 않으면 늙어서 후회한다.

◆ 진정한 농부는 흙을 사랑하고, 자연을 사랑하며 그리고
  사람을 사랑할 줄 알고, 하늘에 감사할 줄 아는 사람이다.

◆ 농사는 정직하다. 콩 심은데 콩 나고,
  팥 심은 데 팥 난다. 그래서 농심은 천심이라고 한다.

◆ 농사는 사람을 정직하게 만든다.
  마음 밭갈이를 통하여 부족한 곳에는
  땀으로 채워 나가는 성실함이 있어야 한다.

2

바르게 살기

  '깨끗한 마음'을 갖는 것, '착한 마음'을 갖는 것은 '바르게살기'를 하는 마음가짐이다. 그리고 마음을 다스리는 지혜를 닦는 것이 바로 치심하는 길(治心之道)이고, 장수하는 길(長壽之道)이기도 하다.

  마음의 그릇을 깨끗이 닦고(洗心), 마음속을 비워(虛心)야 새 것으로 채워 넣을 수 있다. 그릇이 차면 넘친다(器滿側溢). 가득 차 있으면 더 채울 곳이 없다. 마음을 깨끗이 청소하는 것은 회개하고 항상 성찰(省察)하는 마음가짐이 선행되어야 한다.

  마음도 매일 닦지 않으면 녹이 슨다. 어제를 회고와 반성의 하루로 오늘은 성실과 실천의 하루로 살며, 내일은 창조와 희망의 날로 살아야 한다.

  어느 한 산행인(山行人)의 이야기이다. 산에 올라가서 지금까지의 삶의 모든 것에 대한 생각을 다 토하고 나면, 내려올 때는 그 빈곳에 새로운 삶에 대한 것으로 가득 채워지더라는 것이다. 즉, "비워야 채워진다."는 '노자'의 가르침이다.

착실하고 참신한 회개는 스스로 세심(洗心)함에서 나온다. '착하고', '바르고', '성실'하게 사는 것은 하느님과 같이하는 것이다. 어제의 잘못을 하느님에게 회개하고, 마음을 비우고 다시 새 생명으로 살 것을 다짐해야 다시 채워지기 시작하는 것이다.

미국의 최고령 116세 '포드' 할머니는 세상을 떠나면서 "정직하니까 장수했다."라는 말을 남겼다. 장수의 비결이 무엇이냐는 질문에 "그저 바르게 살았을 뿐이다."라고 하였다.

대부분의 사람들은 편할 때는 생각도 안 하다가 처지가 어렵고 형편이 아쉬울 때는 '절대자'를 찾으며, 신앙에 의지하려 한다. 평소에 마음을 닦고, 신앙을 찾으며, 덕행(德行)과 선행(善行)을 쌓아 두어야 마음의 부자가 되고, 경사(慶事)로운 복을 얻는다.

가장 낮은 곳에 있는 바다가 가장 많은 물을 모은다. 그리고 바다가 수많은 강이나 지류보다 위대한 까닭도 보다 낮은 곳에 자리하고 있기 때문이다.

가장 높은 지위에 있는 사람도 서민과 같이하고, 약자에 대해 배려하는 가장 낮은 자세로 있을 때 많은 사람들로부터 존경과 사랑을 받는다.

'노자'는 자신을 낮춤으로써 얻는 진리로 가장 높은 선(善)은 물의 흐름과 같이하라고 하였다.(上善若水)

영원한 민족의 지도자 '김구'(金九) 선생의 호는 백범(白凡)이다. 이는 가장 낮은 곳에 있는 평범한 백성이라는 뜻을 담고 있었기에 더욱 온 국민으로부터 사랑과 존경을 받고 있음은 오직 일생을 독립운동에 헌신하였고, 마음 닦음으로 채워져 있어서이다.

윗물이 맑아야 아랫물이 맑은 법. 사회의 지도층과 재력 있는 사람이 깨끗해야 맑은 사회가 만들어진다. 지도층에 비리가 많은 나라는 희망이 없는 국가이며, 사회 전반에 부패의 온상을 만들어 국가의 존립을 위태롭게 한다.

좋은 일만 골라 살기에도 짧은 세상이다. '채근담(菜根譚)' 수성(修省) 편에서는 "일념(一念)이 어긋나면 곧 백행(百行)이 모두 그릇됨을 깨달을 것이다. 방호(防護)하기를 마땅히 바다를 건너는 큰 배에 하나의 바늘 구멍만한 물샐 틈도 용납하지 아니함과 같이 수행(修行)에 한 치의 착오도 없어야 한다."고 하였으며, "나의 마음을 바르게 하며 다스리는 데는 복은 검소함에서 생기고 덕은 겸양함에서 생기며, 지혜는 생각하는 데에서 생긴다."고 하였으며, "근심은 애욕에서 생기고, 재앙은 물욕에서 생긴다."라고 하였다.

'노자(老子)'의 '도덕경'에서는 "모든 생명이 필요로 하는 권위를 가진 물도 그 흐름이 진리를 따라 낮은 곳으로 내려와 있을 때 더 큰 위력을 발휘한다."고 하였으며, "최고의 도(道)는 바위를 만나면 나뉘어 비켜가는 물과 같이 몸을 낮춰 다투지 않는다."고 하였다.

그리고 '성경'의 가르침에서는 "여하한 이유로서도 성서를 읽는다는 명목아래 촛불을 훔치는 행위가 정당화 될 수는 없다."고 하였으며, '불경'에서는 "마음 삼일 닦음이 천년을 이을 보배이고, 백년에 걸친 욕심으로 이룬 재물은 하루아침에 없어진다."고 하였다. (三日修心千年寶 百年貪物一朝塵)

 백범 김구(1876년 7월 11일~1949년 6월 26일) 선생의 유묵은 '바르게 마음 다스림 하는데 서산 대사의 선시를 되새김'하며 마음을 닦았다.

踏雪野中去 不須胡亂行 今日我行跡 遂作後人程 (답설야중거 불수호란행 금일아행적 수작후인정)

"눈 덮인 들판을 걸어갈 때 함부로 걷지 말지어다. 오늘 내가 걸어간 발자국은 뒷사람의 이정표가 되리니."

이 시는 백범 '김구' 선생이 어려운 결단을 할 때마다 즐겨

썼던 서산대사의 선시(禪詩)이다.

분단경계선을 넘어가시기 전 날 서재에서 써 남기셨던 휘
호이다.

1949년 6월 26일 오전 암살당하기 직전에도 썼던 것이며,
이 시를 통하여 백범은 현실의 정치보다는 역사의 심판을, 눈
보라치는 조국의 위기를 당하여 일신의 안위보다는 후손들에
게 모범이 될 자국을 강조하였던 것이다.

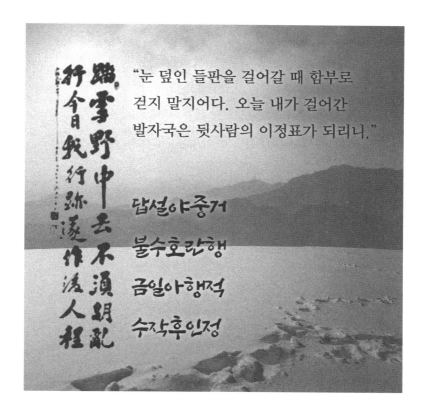

"눈 덮인 들판을 걸어갈 때 함부로
걷지 말지어다. 오늘 내가 걸어간
발자국은 뒷사람의 이정표가 되리니."

답설야중거
불수호란행
금일아행적
수작후인정

◆ 깨끗하고 착한 마음을 갖는 것은 바르게살기를 하는 것.
  마음도 매일 매일 닦지 않으면 녹이 슨다.

◆ 비워야 채워진다. 가득 차 있으면 더 채울 곳이 없다.
  성실하게 사는 것은 하느님과 같이 하는 것.

◆ 가장 낮은 곳에 있는 바다가
  가장 많은 물을 받아 모은다. 윗물이 맑아야 아랫물도 맑다.

◆ 일념(一念)이 어긋나면 곧 백행(百行)이 모두 그릇됨을 깨닫는다.

◆ 삼일 닦음이 천년의 보배이고,
  백년 걸친 욕심이 하루아침에 물거품 된다.

3

자기수련(自己修練)을 위하여

마음을 닦은 자가 천하를 얻는다. 마음 닦는 수심(修心)을 함에는 수도(修道)하는 데서 길을 찾아야 한다. 그리고 수도하는 데는 수행(修行)하는 수련(修練)이 있어야 한다.

백 번 듣고, 보고, 생각하는 바른 길이 있다고 생각하나 실행에 옮기지 아니하면 아무 소용이 없다.(百聞見考 不如一行)

이처럼 마음을 닦으며 사는 길에는 우선 자신의 마음을 비우고, 남을 사랑하고 도우며 사는 길, 남을 배려하며 용서하며 사는 길, 그리고 정직하고 성실하게 사는 길이 있다. 그러므로 중용(中庸)에서는 '성실함은 하늘의 도(道)요, 성실해지려고 노력함은 사람의 길(道)'이라고 하였다.

인간은 부단한 자기수련(自己修練)을 통하여 자기완성을 추구해 나가기도 한다. 그렇지만 사회의 일원으로 생활해 나가는 데에는 보편적이고 상식적인 선에서 갖추어야 할 자기완성(自

己完成)의 조건들을 찾아내고, 거기에서 생활의 가치관을 발견하고 행동으로 실천해 나가는 것이 매우 중요하다.

불경이나 성서 등에서 석가나 예수의 가르침을 따르는 종교생활 외에, 공자나 맹자 등 위인들의 가르침을 통하여 자기를 수련해 나갈 수도 있다. 그리고 사회인으로서 최선을 다하는 아름다운 삶을 통해서도 자기 스스로 수련하고 살아가는 길이 있다.

"오동나무는 천년이 지나도 곡조를 머금고 있고, 매화는 일생 동안 추운 데서 살아도 향기를 팔지 아니한다."(桐千年 老恒藏 曲 梅一生寒 不賣香) 이는 이조시대 문인 '신흠'(申欽)의 굳은 절개에 대한 강렬한 뜻을 담고 있는 말이다.

스스로 분발하게 하는 10훈(訓)에는

① 일을 스스로 창조해야 하는 것이지 부여 받아서는 안 된다. ② 일을 능동적으로 해 나가야 하며, 수동적으로 해서는 안 된다. ③ 큰일에 임해서는 작은 일에 연연해서는 안 된다. ④ 어려운 일을 겨냥하고 그리고 그것을 성취할 때 진보가 있다. ⑤ 임했으면 떨어지지 말라. 목적완수까지는 죽어도 떨어지지 않겠다는 생각을 갖는다. ⑥ 주위를 끌어 당겨라. 끌어

당기는 것과 당겨지는 것과는 큰 차이가 있다. ⑦ 계획을 가져라. 장기(長期)의 계획을 가지면 인내와 연구와 그리고 바른 노력의 희망이 생긴다. ⑧ 자신을 가져라. 자신이 없기 때문에 당신의 일에는 끈기도 없는 것이다. ⑨ 머리는 항상 맑게 모두 사용하고, 조그만 틈도 있어서는 안 된다. ⑩ 마찰을 두려워 말라. 마찰은 진보의 어머니, 보완의 비결이다. 그렇지 않으면 당신은 비겁해진다.

수련에 필요한 몇 가지 경구에는

○ 마음이 밝아야 모든 일에 통달하게 된다. (心淸事達 : 심청사달)

○ 궁하다 해서 의를 잃지 말고 통달했다고 해도 바른 길을 이탈치 말라. (窮不失義 達不離道 : 궁불실의 달불이도)

○ 바람에 갈리듯이 스스로 마음을 닦으라. (風磨自洗 : 풍마자세)

○ 자신을 극복하여 성인이 되라. (克己作成 : 극기작성)

○ 자기극복으로 큰마음을 이루어 성인(聖人)이 되어라.

○ 공자가 말하는 자기수련 (孔子三計圖)

  1) 일생의 계획은 유년기에 있고 (一生之計在於幼)

  2) 일년의 계획은 봄에 있으며 (一年之計在於春)

  "그래서 어려서 배우지 않으면 늙어서 아는 것이 없고"

(幼而不學이면 老無所知요)

3) 하루의 계획은 새벽에 있다.(一日之計在於晨)고 하였다.

"새벽에 일어나지 않으면 그날에 할 일이 없다고 하였다."

(晨若不起면 日無所辦이다.)

삶에도 순리가 있다

달도 차면 기운다. 쟁반 같은 둥근 달이 만월(滿月)된 영광의 빛
으로 온 누리를 채우고 나면, 누리던 권위를 내리고 기울음으
로 다음의 세상을 준비해 나간다. 사람이 산 정상에 오르고 나
면, 정상정복의 기쁨을 내려놓고 새로운 삶을 찾아 내려가야 하
는 것처럼, 사회조직의 최고 정상에 올라 할 일을 다 했으면, 다
음 세대(타자)로 넘길 현명한 길을 찾아야 하는 것이다. 그대로 정
상에 연연하고 있으면, 힘들게 쌓아올린 공적은 하루아침에 물
거품이 된다.

그리고 사계절이 각기 뽐내며 할 바를 다하고 나면 다음 계절
로 넘기는 엄숙한 자연의 섭리가 있는 것처럼, 삶의 현장에서도
선배는 뒤에 오는 후배로, 가정의 노부는 젊은 자식에게로 세대
교체하는 삶의 순리대로, 계주 경기처럼 살아가야 하는 것이다.
이처럼 인간도 자기수련(自己修練)을 통하여 바르게 살아가는 최
선의 방법을 찾아야 한다.

위인들이 남긴 몇 마디

◇ 훌륭한 사람과 어리석은 사람과의 사이는 불과 한 발자국의 차
  이다.

― 나폴레옹 ―

◇ 인생은 활동하는 가운데 존재하며 무기력한 휴식은 죽음을 뜻
  한다.

― 볼테이드 ―

◇ 자기 자신을 이긴다는 것은 전장에서 천만의 적을 무찌르는 성
  과보다 훌륭한 전리(戰利)이다.

― 성경 ―

◇ 남에게 베푼 배려, 행복과 성공으로 돌아온다. 다른 사람을 위한
  배려는 바로 나 자신을 위한 배려다.

― 칼럼니스트 고도원 ―

◆ 마음을 닦는 자가 천하를 얻는다. 성실함은 하늘의 도(道)요,
  성실해지려고 노력함은 사람의 길(道)이다.

◆ 오동나무는 천년이 지나도 곡조를 머금고 있고,
  매화는 일생 동안 추운 데서도 향기를 팔지 아니한다.

◆ 사계절 각기 뽐내며 할 바를 다하고 나면,
  다음 계절로 넘기는 엄숙함이 자연의 섭리이다.

4

흙(땅)의 고마움에 감사하자

◆ "흙은 모든 생명의 원천이다."

 사람은 흙에서 태어나 흙으로 돌아간다. 지구상의 모든 생명체는 흙의 생명력에 의존하여 살아간다. 그래서 흙은 생명의 어머니이며, 기(氣)의 원천(原泉)이다. 한겨울 꽁꽁 얼었던 지각을 뚫고 솟아나는 새싹을 보라! 그 생명력은 말없이 생명을 잉태시키고 보육시키는 흙의 힘인 것이다.

 그리고 흙은 어느 누구의 편도 아니다. 그 속에 뿌리내린 것이면 식작물(食作物)이건 잡초건 가리지 않고 고루 키운다. 그러므로 땅의 넉넉함, 포용성과 같은 더불어 살아갈 수 있는 가치는 자연에서 우리 인간이 배워야 할 큰 덕목(德目)들이다.

 "우리가 고향의 흙 내음을 생각하며 땅의 고마움을 되찾을 때 이 사회는 훈훈한 온기가 감돌게 될 것이며, 네가 처한 모든 땅에서 네가 당한 모든 일에 네가 할 수 있는 최선을 다하라. 그리고 열정(熱情)을 다하라”고 ‘마틴 루터’가 말했다. 그러므로 흙(땅)을 대함에 있어 어머니의 품 안처럼 마음과 애정을 가져야 한다.

사람은 땅(흙)이 없으면 존재할 수 없으며 땅이 있기에 살아가고 있다. 그리고 땅에서 주는 결실과 기쁨으로 생명과 삶을 유지한다. 일찍이 ‘세종대왕’은 권농교시에서 사람이 땅에서 생명을 유지할 식량을 생산함에 있어 “나라는 백성을 근본으로 삼고 백성은 식(食)을 하늘로 삼는다. 농사는 의식의 근본이며, 왕정(王政)에 앞서는 일이다.” 하였다. (國民根本 民食在天. 農衣食在根先政)

땅에 흙이 있고, 밭이 있으며, 식량을 생산해낸다. 사람은 일생을 하늘과 땅 사이에서 흙에서 생산된 것(식량)으로 생명을 유지한다. 그러므로 땅은 사람의 영원한 생명이고, 안식처이다.

사람은 땅을 떠나 살수 없고, 흙에 대한 애정은 사람의 마음을 크게 바꿔 놓는다. 그리고 땅은 마음의 고향이고, 고향을 떠난 사람들에게도 말할 수 없는 고향의 향수를 안겨준다.

「제주의 유명한 관광지인 ‘만장굴’ 인근에 미로공원을 개설하여 살고 있는 미국인 ‘더스딘’ 씨는 20대의 홍안에 6 · 25전쟁에 참전하기 위해 태평양을 건너 낯선 이국땅인 한국에 왔다가 제주만장굴을 관광하면서 주변의 흙냄새가 자기 고향 흙내음과 같다 하여 고국에 돌아갈 것을 포기하고 백발의 황혼의 나이 80세에 여태 속칭 '김녕곶'에 눌러 살고 있다.('곶'은 제주에서는 말과 소를 방목하는 목장지대를 '곶'이라 하며, 마을지명을 앞에 붙여 'ㅇㅇ곶'이라고 한다.) 겨우내 말을 방목(放牧)하여 말똥과 오줌이 쌓인 흙냄새는 눈 녹은 봄에 봄바람을 타면서 사람의 코를 찌르고, 따스한 봄빛에 지금 막 올라온 새싹 사이로 주먹 쥔 고사리의 머리를 내놓는 이 지대는 고사리가 많이 나는 소문난 지역이기도 하다.」

흙은 우리 인간의 삶의 뿌리이자 고향이다. 그러므로 성공적인 삶을 살기 위해서는 자연의 섭리가 주는 영양소가 있는 흙의 고마움에 감사해야 한다.

◆ 농민은 인류의 생명창고(生命倉庫)를 그의 손에 잡고 있습니다.
 우리나라가 돌연(突然)히 상업의 나라로 변하여 하루아침에
 농업의 자취를 잃어버렸다 하더라도 변치 못할 생명창고의
 열쇠는 의연히 지구상의 어느 나라의 농민이 잡고 있을 것입니다.
                              – 윤봉길 의사의 농민독본 –

◆ 먼저 스스로 등을 밝혀라(自燈明).
 그러면 진리의 등이 켜진다(法燈明).

◆ 꽃을 찾는 나비는 공짜로 꿀을 얻지 않는다.

◆ 머리는 차갑게, 가슴은 뜨겁게, 손발은 부지런해야 한다.

◆ 땅은 사람의 영원한 생명이고 안식처이다.

◆ 사람은 땅을 떠나 살 수 없고,
 흙에 대한 애정은 사람의 마음속에 있다.

◆ 꽃을 찾는 나비는 공짜로 꿀을 얻지 않는다.

◆ 흙은 어느 누구의 편도 아니다. 그 속에 뿌리내린 것이면
 골고루 키운다. 그리고 땅은 결코 배신하지 않는다.

5

농촌은 기(氣)의 원천(源泉)

농촌은 자연이 숨 쉬는 곳이며, 지기(地氣)의 원천(原泉)이다. 그리고 너그럽고 포근한 어머니의 품 안처럼 정이 듬뿍한 마음의 고향이다. 농촌은 지기(地氣)가 있어 사람을 만드는 곳이기도 하다.

예로부터 인걸(人傑)은 지령지기(地靈地氣)에서 내놓는다고 한다. 그래서 인간과 자연은 불가분(不可分)의 관계에 있고, 사람은 자연의 일원이다. 자연 속에서 살아가는 감응(感應)에 의해서 좋은 산세(山勢)와 지세(地勢)는 훌륭한 사람(偉人)을 만들어 낸다.

농촌은 우리 조상과 부모가 살고 있는 곳이고, 뿌리이다. 그래서 명절에 찾아가는 곳이고, 우리의 먹을거리를 만들어 내는 곳이다.

「바람도 놀다 가고, 구름도 쉬어 가며, 안개도 머물다 가는 곳.

산이 있고, 강이 있고, 바다가 있는 곳

벌레소리, 새소리, 물소리, 바람소리….

달이 뜨고, 별들이 반짝이는 곳

강물에 고기 놀고, 바다에 고기 살고, 갈매기가 놀고

그리고 파도가 춤추는 곳

들에 꽃이 피고, 나비가 놀고

귀뚜라미 소리, 매미 소리가 있는 곳

정다운 정감이 있고, 훈훈한 인심이 있고,

이웃의 웃음소리가 있는 곳」(農은 노래(曲)와 별(辰)의 합성어)

「'안중근 의사'의 할아버지는 손자가 장차 큰 인물이 될 것을 미리
감지했는지 살고 있는 곳의 지세(地勢)를 놓고 "지기(地氣)와 산세가
이만한데 내 손자 가운데서 인물이 아니 나올 수 있겠냐"하고 호
언하였다고 하였다.」

― 이문열의 '불멸' ―

미국의 아버지라 불리는 '조지 워싱턴' 초대 대통령의 삶은
고향 버지니아의 농촌과 농장에서 시작되었다. 그는 직접 농
사를 짓고 착실하게 농장을 경영하였으며, 농촌의 생명의 기

㈜를 듬뿍 먹으며 마음을 차분하게 다스리는 법과 자신의 감정을 절제할 줄 아는 법을 배웠다. 그리고 행동할 때 성실, 정직, 공정성을 중요시해야 하는 것을 배웠고, 끝까지 노력하는 최선을 다하는 자가 성공할 수 있다는 것을 배웠다.

농촌은 우리의 고향이며, 동심을 만들어 내고, 인생의 뿌리를 내리게 한다. 그리고 정이 있는 곳이고, 인심이 푸근하여 포근한 어머니의 품 안처럼 안정된 곳이다. 그래서 아직도 큰 명절에 많은 사람들이 귀향(歸鄕)길에 오른다. 고향의 기와 어머니의 따뜻한 사랑과 친구들의 정을 듬뿍 받고 와서 그 힘으로 또 한 해를 버티며 살아가는 것이라 할 수 있다.

그리고 고향에는 산을 타고 불어오는 산바람, 강과 바다를 넘어 불어오는 강바람과 바닷바람…고향의 바람은 애향(愛鄕)과 애국심(愛國心)을 잉태시키며, 자연의 기의 원천인 호연지기(浩然之氣)는 인생의 완숙을 돕고, 위인(偉人)들을 배출시킨다.

세계의 많은 위인(偉人)들과 지도자들이 갖고 있는 공통점이 있다면 농촌에 뿌리를 둔 호연지기를 받고 있다는 것이다.

◆ 농촌에는 사람을 만드는 호연지기(浩然之氣)가 있다.
　 인간은 자연과 불가분(不可分)의 관계에 있고, 자연의 일원이다.

◆ 농촌은 바람도 놀다 가고, 구름도 쉬어 가며,
　 안개도 머물다 가는 곳.

◆ 농촌은 강물에 고기 놀고, 바다에 고기 살고,
　 갈매기 놀고 그리고 파도가 춤추는 곳.

◆ 농촌은 산과 강이 있고, 바다가 있는 곳 그리고
　 나비 놀고, 벌레 소리, 새 소리, 물소리, 바람 소리가 있는 곳.

◆ 농촌은 달이 뜨고 지고, 별빛도 반짝이는 곳.

04

희망이야기

궁핍한 사람에게 필요한 약은 오직 희망이며,
부유한 사람에게 필요한 약은 오직 근면뿐이다.

- 세익스피어의 말 -

희망 이야기

"희망이 있는 곳에 길이 있다."고 하였다. 희망을 버리면 인생을 다 잃으며, 희망을 찾으면 인생을 다 갖는다.

◆ 오늘의 절망을 버리고 내일의 희망을 찾아라! 궁핍한 사람에게 필요한 약은 오직 희망이며, 부유한 사람에게 필요한 약은 오직 근면뿐이다.

— 세익스피어 —

희망이 있는 곳에 태양이 솟고, 희망이 있는 곳에 젊음이 있으며, 청춘이 앞을 연다. 그리고 새해, 새아침, 새봄에 새 희망이 있다.

행복하게 살고 싶은 희망이 있다면 열심히 일하라!

꿈이 있고 희망이 있는 곳에 영광과 성공이 있으며, 절망과 불행은 없다. 희망이 있는 국민은 장래가 밝고, 희망이 있는 국가는 내일의 번영을 기약한다.

오늘에서 내일의 희망을

○ 오늘의 패배의 절망과 좌절에서 내일의 필승의 희망을

○ 역경과 위기에서 내일의 극복의 희망을

○ 고난과 어려움에서 내일의 영광의 희망을

○ 실패에서 내일의 성공의 희망을

○ 가난에서 내일의 풍요의 희망을

○ 슬픔에서 내일의 기쁨의 희망을 갖자!

이럴 때 희망을 잃지 말자

희망은 언제나 위기를 이겨내고 불가능이 없으며, 역경을 극복하며 그리고 활기차며, 가난과 모든 어려움을 이겨내게 한다. "죽지 못해" 사는 절망의 경우에 처했어도 오직 희망만은 남겨두자!

이처럼 고난 속에서도 희망을 잃지 않는 사람은 행복의 주인공이 되지만, 고난에 절망하여 희망을 갖지 못하는 사람은 불행한 사람이 될 것이다.

가장 하고 싶은 말에는

자신의 일생을 살면서 가장 하고 싶었던 말 '사랑'. 매해 새 아침에 수십 번씩 하고 싶었던 말 '희망'. 그리고 가장 소중하게 생각하며 힘을 내게 하는 말엔 '용기'가 있다.

나이가 들수록 희망을 잃지 말고, 삶에 최선을 다해야 행복한 여생을 살아갈 수 있다.

아이들은 우리의 미래이고 희망이며, 젊음은 희망이 가득한 보고(寶庫)인 것처럼, 희망의 땅이 오늘 여기에 있다고 여기며 살아야 행복을 만들 수 있다.

인생에 가장 필요로 하는 일에는

모든 것을 다 잃어도 오직 꿈과 희망을 잃지 않은 일, 용기를 갖고 위기를 극복해야 하는 일, 고통과 어려움을 이겨내는 일, 실패로 절망적일 때 희망과 용기로 살아가야 하는 일. 그래서 희망과 용기가 있는 사람에게는 날개가 달린다.

희망을 가지고 성실하고 덕으로 살아가는 일, 열심히 최선을 다하며 살아가는 사람에게 행운과 행복이 찾아올 것이다.

사람만이 희망의 꿈으로 어려움을 극복해 나갈 수 있는 능력의 소유자이다. 역경(逆境)에서 벗어날 때는 희망의 힘이 필요하다. 신(神)은 극복할 수 없는 시련은 주지 않는다.

봄이 오면 나무는 다시 새싹을 내놓는 것처럼, 사람에게도 젊음의 불꽃이 가슴을 지피는 봄이 오면 꿈과 희망이 꿈틀거릴 것이다. 지금은 어려워도 내일의 희망이 있어 아름답게 단꿈을 꾸며 살아야 행복하다.

내 인생에 다시 오는 희망을

내 인생에 희망의 봄이 다시 온다면, 다시 한 번 부지런히 밭을 갈고 열심히 씨를 뿌려 희망의 노래를 불러보겠지. 그리고 높은 산에 오를 채비를 하며 소리 높여 외쳐도 보겠지.

내 인생에 희망으로 가득 찬 열정의 여름이 다시 온다면 윗도리 벗어 이마에 흐르는 땀을 닦으며, 다시 한 번 후회 없는 열정으로 젊음을 마음껏 노래하겠지.

내 인생에 희망찬 풍요의 가을이 다시 온다면, 봄에 열심히 씨 뿌린 것에서 나온 열매로 풍요를 따며, 함박웃음을 짓고 감사의 기도를 올리겠지.

이젠 내 인생에 엄동의 겨울이 와 있으니 희망의 봄, 열정의 여름도, 풍요의 가을도 다시 찾는 길 없이 기약 없고 이미 서산(西山) 너머로 해는 지는데…. 그러나 마지막 실낱 같은 희망의 끈은 잡고 있어야 하겠지….

인생 끝까지 희망을 버리지 말아야. 세상이 아무리 어려워도, 살기가 고달프다 해도, 희망을 버려서는 안 되며, 희망의 꿈을 꾸고 있다는 것 자체가 행복한 삶이다.

항상 희망이 보인다고 하며 살아라! 언제나 내일의 목표를 세워라! 꿈과 희망을 갖는 것은 누구나 가능하다. 항상 꿈을 꾸어라!

− 100세 철학자 김혁석 교수 −

「'충무공 이순신 장군'은 최후의 격전지에서 "나의 죽음을 적에게 알리지 말라."고 하여, 병사에게 최후의 희망의 메시지를 남김으로써 임진왜란을 승리로 장식할 수가 있었다.

'나폴레옹'은 전투에서 절망적인 상황에 처했을 때 나에게는 "희망이라는 비장의 무기가 있다."고 하여 전쟁을 승리로 이끄는 자신감을 가졌다.

어느 무명의 항해인은 항해 중 태풍을 만나 배가 전복되어 홀로 난파된 배의 잔해 하나를 겨우 붙잡고 사투하는 절망의 순간에서, 요행히 무인도에 기착하면서 이제는 살았다고 느끼는 순간, 추위와 허기가 엄습하기 시작하였으나 오직 살 수 있다는 실낱같은 '희망'의 등불을 꺼뜨리지 않고 살아남는 기적을 얻었다.」

희망의 혼(魂)이 있어야. 사람을 움직이는 원동력은 돈이 아니고 꿈과 희망이고 혼이다. 그래서 '스피노자'는 "내일 비록 세상에 종말이 올지라도 나는 한 그루의 희망의 사과나무를 심으리라."고 하였다. "절망의 처지를 희망으로 바꿔 나가는 사람이 되어야 하며, 희망이 있는 삶에 활기가 넘친다."

희망이 있는 길은 아름답다

내 인생에 희망이 가득한 봄이 다시 온다면
다시 한 번 밭을 갈고,
씨를 뿌려 희망의 노래를 불러보겠지.

내 인생에 열정이 가득한 여름이 다시 온다면,
이마에 흐르는 땀을 닦으며,
다시 한 번 후회 없는 열정으로
젊음을 마음껏 노래하겠지.

내 인생에 풍요가 가득한 가을이 다시 온다면,
봄에 씨 뿌린 데에서 나온 풍요의 열매를 따며
함박웃음을 짓고 감사의 기도를 올리겠지.

이제 내 인생 종말의 계절이 왔으니,
희망의 봄과, 열정의 여름, 풍요의 가을도
다시 찾는 일 없이 기약 없고,
이미 서산(西山) 너머로 해는 지는데…
그러나 실낱같은 희망의 꿈은 잡고 있어야 하겠지…

2

말조심하기

    사람이 가지고 있는 세 치의 혀를 조심하라! 함부로 내뱉은 말 한마디가 국가 전체까지 영향을 미칠 때도 있다. 말(言)이란 글자의 뜻은 입구자(口) 위에 막대기를 세 개 얹혀 놓았고, 또 덕을 얹혀 놓아 '말을 무겁게 하라'는 뜻을 함축하고 있다.

- 옛사람들은
  - 신중한 말은 군자의 도다(愼言君子의 道).
  - 말 한마디가 천금처럼 무겁다(一言重千金).
  - 말 한마디가 천 냥 빚을 갚는다(속담).
  - 웅변은 은(銀)이고, 침묵은 금(金)이다(속담).
  - 발 없는 말이 천리(千里)를 간다(속담).
- 명심보감에서는 "취중에 말이 없으면 참 군자다."(醉中不言이면 眞君子이다.). 그리고 "말이 이치에 맞지 않으면 말하지

아니함만 못하다."(言不中理면 不如不言) 고 하였다.

● 중국학자 '공자진'은 "성현은 말이 없고, 능통한 자는 말을 하고, 바보는 논쟁을 한다."고 하였다.

● 좋은 말이건 나쁜 말이건 한번 뱉은 말은 주워 담을 수는 없지만 부메랑처럼 다시 되돌아온다는 것을 알아야 한다. 그리고 "머리와 귀는 크게 입은 조그맣게"라는 말은 신중을 강조하고 있다.

● "단상에 올라가는 사람은 속옷을 입어야 한다."는 말은 지도자는 말을 가려 신중히 하라는 것이다. 앞을 가려 앉아야 한다는 것. (구약성경 례위기 6장 10절)

● 침묵과 숙고로 일관하는 대표적인 기업경영인 '이건희' 삼성 명예회장은 선친 이병철 명예회장으로부터의 경청(傾聽)이란 가훈의 영향을 많이 받아 무거운 입으로 오늘의 삼성을 세계 일류로 올려놓았다.

● 무심코 던진 돌멩이에 맞아 죽은 개구리의 신세처럼 국가지도자의 위치에 있는 사람의 권위를 상실한 정제되지 않고 품위 잃은 말 한마디에 자극을 받아 선량한 국민이 세상을 버리게 하는 일이 생기고, 더 나아가 국가의 장래에 손상을 초래케 하기도 한다.

● 상대에게 듣기 거북하고 삼가야 할 말에는 화내게 하는

말, 속상케 하는 말, 상처 입히는 말, 쓸데없고 잔소리 등을 삼가야 하며,

● 남에게 듣기 좋고 기분 좋은 말에는 축복해 주는 말을 하여 기쁨을 공유하며, 건설적이고 격려의 말을 하여 더욱 분발하게 하며, 부드럽게 하는 말을 하여 마음을 너그럽게 하며, 행복하게 하는 말을 하여 평안을 안겨주어야 한다.

● 칭찬의 말은 선한 일을 하는 사람에게, 진실의 말은 실없는 잡담을 달고 사는 사람에게, 평안의 말은 근심이 가득한 사람에게, 위로의 말은 슬퍼하는 사람에게 하도록 하자.

● 아름다운 말은 사람들의 마음을 새롭게 하여 나와 다른 사람, 즉 서로의 인생을 행복하게 만들어 준다.

● 미국 16대 대통령 '링컨'은 자타가 공인하는 변호사이고 달변가이다. 그는 대통령이 된 뒤 말을 줄이려고 무척 애를 썼다고 한다. "내가 한 말은 하나도 빠지지 않고 언론에 그대로 나온다. 내가 하는 실수는 국가 전체에 영향을 미친다."는 이유였다. 인터넷은커녕 TV, 라디오도 없던 150년 전 '링컨'이 국정책임을 맡은 사람이 가져올 결과를 이렇게 걱정한 나머지 매사에 말을 조심하였다고 한

다. 미디어 홍수시대에 살아가는 현대인들에게 큰 가르침을 준다.

● 제44대 미국대통령 '오바마'는 "인간의 근육 중에 가장 강력한 힘을 가진 근육은 무엇이냐고 하면 답은 아마도 '혀'일 것이다."고 하였다. "한마디의 말이 사람을 죽이고 살리는 경우를 우리는 수없이 봐오지 않았는가? 리더의 스피치는 그래서 중요하다. 그 말 한마디에 국민들의 사기는 천당과 지옥을 오갈 수 있다."고 하였다.

그리고 "말은 양날이 달린 시퍼런 칼과 같다. 말만 영리하게 하는 자는 인자함이 없고, 조심하게 말하는 사람은 인자함에 가깝다. 말은 무서움과 놀라운 힘을 동시에 지니고 있다."고 하였다.

◆ 칭찬의 말은 선한 일을 하는 사람에게
   진실의 말은 실없는 잡담을 닳고 사는 사람에게
   평안의 말은 근심 걱정이 가득한 사람에게
   위로의 말은 슬퍼하는 사람에게 하도록 하자.

◆ 아름다운 말은 사람들의 마음을 새롭게 하여,
   나와 너 즉, 서로의 인생을 행복하게 만들어 준다.

◆ 말만 영리하게 하는 사람은 인자함이 없고,
   조심하게 말하는 사람은 인자함이 넘친다.

감사하며 살자

◆ "모든 일(萬事)에 감사(感謝)하며 살자!"

괴테는 "세상에서 가장 쓸모없는 인간은 감사할 줄 모르는 인간이다."라고 하였다.

먼저 이 세상에 생명을 주신 어버이(父母)의 은혜에 감사하며 살자! 생을 주어 행복한 삶을 누리며, 오늘의 건강과 건전한 삶을 주신 신(神)에게도 그 은혜에 감사하고, 가정(家庭)과 사회(社會)와 국가(國家)에 대해 삶의 보장을 주는 울타리에 대한 감사와 그리고 나 혼자서만 살 수 없듯이 정다운 친구와 이웃과의 삶에도 감사하고, 가벼운 인사나 보잘것없는 작고 큰 선물 등을 포함하여 남으로부터 받은 모든 것에 대해 감사하면 보다 큰 감사와 복(福)으로 돌아오게 될 것이다.

이처럼 감사하는 마음은 즐거움과 희망 등으로 배가되어 돌아오며, 감사하는 마음에는 엔도르핀이 돌고, 긍정적인 감정으로 채워진다.

감사의 기도는 우리가 신에게 한걸음 더 가까이 다가서는 것이며, 만사에 감사를 할 줄 아는 사람은 삶을 아름답게 사는 사람이다. 음수사원(飮水思源)이라 하여 우리 몸을 지탱해 주는 물의 근본을 잊지 말고 감사해야 하는 것처럼, 생명을 이어주는 매일 세끼 먹는 밥에 감사의 기도를 올리고, 그리고 식량을 생산해 내는 땀을 흘리는 농어민에게도 감사하자.

"감사하는 일은 돈이 드는 것이 아니다." 그러므로 끊임없이 신의 가르침을 받는 일에 두 손 모아 기도를 허락하신 하느님께 감사를 드리자.

부모를 잃어 슬퍼할 때와 건강을 잃은 때, 나라와 가정 등 모든 것을 잃었을 때 느끼게 될 상실감을 생각하며, 현재의 평안한 삶에 대해 감사하자.

이렇게 세상에 건강하게 살아있는 것만으로도 감사하며 살아야 하며, 모든 것에 감사할 줄 모르고 사는 사람은 자신의 근본을 모르고 사는 사람이다.

오늘의 건재한 삶이 있고, 내일의 희망을 품고 감사하며 살고 있는 한 우리는 건강한 삶을 사는 것이며, 살고 있다는 것 자체가 멋진 것이며 행복이다.

우리의 인생은 헛되이 소비할 시간이 있을 정도로 결코 긴 것은 아니다. 생명의 존재는 우연이 아닌, 크거나 작든 역사 위에 무엇을 첨가하기 위해 생겨난 것이기 때문에 자기에게 기회가 주어진 것에 감사하며 그리고 시간을 최대한 활용해야 한다.

그러므로 우리는 과거에 있었던 삶의 모든 일과 현재 일할 수 있게 된 환경과 그리고 미래에 생겨날 기대되는 모든 일들에 대해 감사하자. 오늘은 내가 있기에 감사하고, 오늘의 내가 건강함에 감사하며, 오늘의 나에게 일할 일이 있음에 감사하자. 그리고 오늘의 삶이 힘들고 괴롭고 고통을 이겨내는 힘과 땀 흘리는 일을 주신 것에 대해서도 감사하자.

한국의 우주인 이소연이 본 눈부시게 황홀한 아름다운 이 지구에 태어난 일에 감사하고, 이 땅에는 동트는 여명, 희망찬 아침이 있음을, 또한 찬란한 일출로 하루를 열고, 아름다운 석양으로 하루를 마감케 하는 온갖 만물(萬物)과 생명들의 일원으로 공존케 하였음에도 감사하자.

「이웃 간의 나라도 서로 감사함을 잊지 말고 있어야」(가깝고 도 먼 나라 한국과 일본사이)

○ 서기 285년에 백제의 왕인(王仁) 박사가 일본의 초빙으로 천자문(千字文)과 논어(論語) 10권을 가지고 일본 오진 천황

의 태자의 사부가 되어 문화를 전파하고 도덕, 교육, 정
치 등의 지혜를 가르쳐 주었고,

○ 4세기경 백제 25대 무령왕의 후손이 일본 간무 일왕의
어머니였고(1990년 아키히토 일본 국왕이 한반도와의 혈연관계 언급)

○ 도쿠가와 이에야스는 퇴계 이황의 실천 철학인 '경(敬)' 사
상을 신봉하여 일본의 근대화를 있게 한 명치유신을 성
공시켰으며

○ 임진왜란을 통해 인쇄술과 도자기 제조 기술자를 데려다
가 일본 문화발전의 계기로 삼았지만

○ 먼저 서양문물을 받아들인 힘을 이용해 은혜의 나라 이
씨왕조 500여년의 노쇠기를 틈타 강제 병합조약을 체결
하였고, 창씨개명 등을 통해 36년간 한 민족의 혼을 말
살하는 정책, 문화재 강탈, 강제 징병과 종군위안부로 우
리 민족에게 많은 고통을 안기었다. 또한 일본의 세계 2
차 대전의 패전은 우리민족에게 분단의 아픔을 낳는 계
기가 되었고, 심지어 6·25 전쟁을 통해 패망했던 일본
의 경제를 재건하는 호기를 누렸으면

○ 이제 일본도 받은 은혜의 고마움을 보답으로 되돌려 주
는 겸허한 자세로 진정한 반성이 있어야 100년 전 '안중
근'의사가 제창한 진정한 동양평화가 가능할 것이다.

○ '크리체 부스키'는 "역사는 가르쳐 주지 않는다. 그러나
  그 교훈을 배우지 않는 자를 벌한다."고 하였다. 역사를
  왜곡하려는 일본은 '물 마실 땐 우물을 판 사람의 고마움
  을 잊어서는 안 되는 것처럼' 역사는 결코 지워지지 않는
  것임을 배워야 할 것이다.

감사했습니다
사랑합니다

◆ 만사에 감사를 할 줄 아는 사람은 삶을 아름답게 사는 사람

◆ 오늘 내가 있기에 감사하고, 오늘의 내가 건강함에 감사하며,
오늘의 나에게 일할 일 있게 함에 감사하자.

◆ 우주인 '이소연'이 본 눈부시게 황홀한 아름다운
이 지구에 태어난 일에 감사하자.

시련은 성장을 준다

◆ 배부르고 따뜻하면 음란한 생각이 들고, 배고프고 추우면 배움
의 길이 생긴다.(飽煖思淫慾하고 飢寒發道心이라)

– 명심보감 –

시련을 좋아할 사람은 없지만 시련은 성장과 발전의 기회를
준다. 그리고 기쁨과 즐거움뿐만 아니라 때로는 최악의 상황
에 직면할 때 사람은 더 많이 성장한다. 그리고조건이 가장 나
쁠 때 오히려 자신이 가진 최상의 것을 발견할 수 있다. 따라
서 어떤 선택을 하느냐에 따라 시련은 가치 있는 것이 될 수도
그렇지 못할 수도 있다.

'카네기'의 아버지도 자손들에게 1달러 이상의 용돈을 주지
않았다. 아버지는 실직하고 어머니가 신발 꿰매는 내직을 하
고 있을 때, 13세의 '카네기'는 주급 1달러의 품팔이를 하여

가계를 도왔는데, 그 체험이 훗날 부자가 되게 한 초석이라는 교육적 무게가 실린 1달러라는 것이다.

　경희대에 특차로 입학한 당당한 고아 조학수(趙學秀) 군은 초, 중, 고 학생회장을 도맡아 하면서 "고아라는 사실을 친구들에게 한 번도 숨기지 않고 학생회장을 했습니다."라고 하였다. 부산 동천고 출신인 그는 아동복지시설 출신이다. 6살 때 부산 사하구 한 파출소 앞에 버려져 지금까지 아동복지시설 「동산원」에서 지내왔다. 조군은 입시 자기소개서에 「역사의 수레바퀴를 굴리는 사람은 영웅이나 권력자가 아닌 자기 일을 성실히 하는 이」라고 하여 '시련'을 이겨낸 건전한 정신건강을 지닌 성숙하고 훌륭하게 성장한 떳떳한 자세를 보였다.

　'이조' 때 서울성 밖에 사는 가난한 과부인 김학성(金鶴聲)의 어머니 이야기('조선일보' 이규태 코너에서)가 있다. 삯품팔이로 아비 없이 두 자식을 키우던 어머니는 어느 날 처맛물 소리가 닿는 곳에 쇳소리가 나는 것을 들었다. 수상하게 여겨 파보았더니 금은(金銀)보화가 가득한 가마솥 하나가 나왔다. 예전 난리통에 이 집의 주인이 땅에 묻고 피난을 갔다가 이 사실을 후손에게 알리지 못하고 죽은 것이었을 것이다. 김학성의 어머니는 고민 끝에 솥을 다시 묻고 이사를 해버렸다. 그 후 두 아이들은 열심히 공부하여 과거에 급제하여 잘살게 되었고, 어머니는 노쇠하여 몸져눕게 되었다. 남편 제삿날에 어머니는 두 아이를 앞에 앉히고 그 이야기를 비로소 했다. 재(財)는 재(災)인지라 너희들이 먹고 입고 사는 데 궁색한 것을 모르면 공부를 소홀히 할 것이요, 마땅히 궁핍함이 있어야 근면하는 법인지라 그때는 땅에 묻고 이사해 버린 것이라고 하였다. 이는 어려움의 시련을 극복케 하는 어머니의 자식사랑 이야기라 할 것이다.

두 팔과 다리 하나 없어도 노래를 하는 인간 승리 스웨덴의 성가 가수 '레나 마리아'가 있다. '레나'는 오른발로 글씨를 쓰고 그리고 밥을 먹는다. 설거지, 뜨개질, 립스틱이나 매니큐어를 바르는 일도 왼발과 입을 동원해 척척 해낸다. 한쪽 다리로 물장구를 쳐 수영을 하고, 장애인용 차로 운전도 한다. 오른발로 핸들을 잡고 왼발로 각종 기기를 눌러 작동시킨다.

'레나'는 팔이 없다고 해서 불행하다고 느낀 적은 별로 없다. 오른손잡이가 있고 왼손잡이가 있듯이 남들이 손으로 할 일을 나는 발로 할 뿐이라고 말했다. 그래서 인간 승리의 표본인 '레나'가 세계적으로 유명해진 것이다.

논에다 미꾸라지를 키울 때 한쪽에는 미꾸라지만 다른 한쪽에는 메기를 같이 넣어 키워보면 가을 수학 시 큰 차이가 있다는 것이다. 미꾸라지만 키운 쪽은 시들시들 오그라져 있는 반면, 메기를 넣어 키운 쪽의 미꾸라지들은 통통하게 살이 쪄있다. 메기와 같이 있는 미꾸라지들은 먹히지 않기 위해 항상 긴장 속에 시련을 극복하기 위해 활동할 수밖에 없는 것처럼 기업도 이와 마찬가지다. 항상 적절한 긴장과 자극이 있어야 하고 언제 닥칠지 모를 시련을 극복해야 하는 위기의식을 가지고 있어야 치열한 경쟁에서 뒤지지 않고 계속 성장과 발전을 할 수 있다는 것이다.(삼성그룹의 메기경영론)

또한 오늘의 한국은 36년간 오랜 일제 침략을 겪은 고통과 6·25 전쟁에서 수백만의 인명피해와 엄청난 폐허와 굶주림의 시련을 이겨 내었기에 단기간에 오늘날의 세계 10위권의 경제 강국으로 발돋움하는 영광과 동시에 성숙된 민주화를 이루어냈다.

이는 세계적으로 유례가 없는 성장과 발전의 사례이다. 이처럼 사람과 기업이나 국가도 시련에 굴복하면 성장과 발전을 보장받지 못한다.

◆ 배고픈 배우가 명연기를 내 놓고

- 미나리, 윤여정 -

◆ 배고픈 화가가 명화를 그린다.

- 화가 이중섭 -

◆ 사람은 최악의 상황에 직면할 때 더 많이 성장한다.

◆ 조건이 가장 나쁠 때
오히려 자신이 가진 최상의 것을 발견할 수 있다.

◆ 역사의 수레바퀴를 굴리는 사람은 영웅이나
권력자가 아닌 자기에게 주어진 일을 성실히 수행하는 사람이다.

5

돈 부자 마음 부자

물이 위에서 아래로 흐르는 것이 진리이다. 그래서 있는 사람, 가진 사람은 없는 사람, 못 가진 사람에게 베풀어야 하는 것이다.

철학자들은 돈에 대한 욕심 병은 '죽기 전까지는 절대로 만족 못 하는 치유할 수 없는 가장 무서운 고질병'이라고 하였다.

부자라는 불명예 죽음을 포기한 철강왕 '카네기'는 "부자인 채 죽는 것은 수치이다."고 하면서 전 재산을 사회에 환원한 마음 부자가 되어, 나눔의 축복 소유자로 그의 이름은 온 세상 후세 사람들에게 오래(영원히) 기억되고 있다.

현재 세계 제 1, 2의 부자인 '빌게이츠'와 '워렌 버핏'도 그 길을 가고 있는 대표적인 인물들이다. 그 많은 재산을 포기함으로써 영원한 마음 부자, 살아서 부자, 죽어서 부자가 되는 것이다. 그래서 미국의 '케네스랑고'는 "부(富)는 거름과 같아서 쌓아두면 썩는 냄새를 풍기지만 뿌려두면 많은 것을 자라게 한다."고 하였다.

우리나라 심장수술 최고 권위자 '송명근' 건국대 교수는 재산 많은 노인 입원환자의 심장수술을 앞둔 상태에서 자식들끼리 재산 싸움을 하는 모습을 보고 부의 사회 환원을 결심하였다. 그래서 두 자녀에겐 결혼자금을 빼고 전 재산 200억 원을 사회에 환원키로 서약하여 영원한 마음의 부자가 되었다.

"수의(壽衣)에는 호주머니가 없다." 하여 "나 죽고 나면 어려운 사람에 나눠주어라" 유산기부를 약속한 고령의 기초수급자 할머니 3명 '박부자', '배복동', '김정연' 모두 인생유전을 겪으며 홀로 어렵게 살아왔는데도 '행복한 유산 캠페인'에 참여하여 각각 500만 원~2,300만 원을 내놓기로 약정하였다. 이 얼마나 아름다운 선행인가? 이외에도 익명의 기부천사 탤런트 '문근영' (뒤늦게 밝혀짐) 양이 오랜 선행과 "죽을 때 통장에 단한 푼도 남기지 않고 사회에 돌려주겠다."하여 많은 사람들로부터 칭송을 받고 있다.

1년에 약 750억 원을 버는 할리우드 톱스타 '성룡'도 기부를 많이 하기로 유명하다. 87세 백발의 고령인 '주정빈(朱挺彬)' 박사는 5,000명을 무료 진료하여 송파구 거여동의 '슈바이처'로 불린다.

그리고 '이조' 때도 만 석 이상이 되면 재산을 사회에 환원하는 철학을 실천하며 흉년에는 논을 사지 않는다는 경주 최부자 집도 있었으며, 200년 전 제주에서는 거액의 전 재산을 내놓아 오랜 흉년으로 굶주린 백성을 살렸던 나눔 정신을 실천한 만인에 덕을 베푼 거상(巨商) 의녀(義女) 김만덕(金萬德)의 선행은 조정에서도 크게 감동하여 큰 상을 하사했으며, 후세에까지 오래 전해지고 있으며, 추모 송덕비가 세워져 있어 많은 제주인들의 칭송이 전해지고 있다.

◆ 큰집이 천 칸이라도 밤에 눕는 곳은 여덟 자뿐이고,
　좋은 밭이 만 평이 있더라도 하루 쌀 두 되면 족하다.

　(大廈千間이라도 夜臥八尺이요) (良田萬頃이라도 日食二升이니라)

- 明心寶鑑 -

◆ 돈이 없음을 걱정하지 말고, 덕(德)이 없음을 걱정하라.

- 벤저민 프랭클린 -

◆ 물욕이란 욕심 병은 죽기 전까지는
　절대로 치유 못 하는 가장 무서운 병이다.

◆ 부자인 채로 죽는다는 것은 수치스러운 일이다.

◆ 부(富)는 쌓아두면 썩는 냄새를 풍기지만,
　뿌려두면 많은 것을 자라게 한다.

05

행복한 삶을 살자

인간이란 자신이 행복해지려는
결심의 강도에 따라 그만큼 행복해질 수 있다

- 링컨의 말 -

1

행복한 삶을 살자

◆ '아름다운 인생을 위하여'

삶의 즐거움이 있을 때 행복할 것이다. 최선을 다할 때 기회의 행운이 올 것이고, 열심히 살아갈 때 행복한 삶이 될 것이다.

그러므로 일의 즐거움을 만끽하면서 열정을 다하는 삶은 세상을 바꾼다고 한다. 일이 있는 곳에 행복이 있고, 늙어서도 내게 할 일이 주어져서 행복하다. 모든 일에 최선을 다하며 전심(全心)으로 살아간다면, 수많은 기회와 행운이 찾아올 것이며, 행복한 삶이 될 것이다.

그리고 내일은 오늘보다 행복해지겠지 하는 기대를 가지고 희망찬 오늘을 살자!

노력하는 사람에게 기회는 찾아오는 것. 마지못해 인생을 살지 말고 열정을 품고 하루라도 절망 속에 있지 말고, 절망이 밀려오면 힘을 내어 열정에 다시 불을 붙이자. 그러면 행복은 스스로 찾아올 것이다.

행복한 삶을 산다는 것은 즐겁고 아름다운 것. 항상 마음을 열고 열린 마음으로 편안하게 살아야. 그리고 자신에게는 가을서리처럼 엄하고, 타인에게는 봄바람처럼 너그럽게 대하며 살아갈 때 행복은 배가 된다.(待人春風 待己秋霜) 행복의 주관은 자신에게 귀속된다.

훌륭한 지도자는 나라가 어려울 때 참모습을 드러내고, 훌륭한 가장은 집안이 어려울 때 행복을 만들며, 가세를 일으켜 세울 책임을 진다고 한다.

사람은 원래 편하게 살기를 원한다. 편하게 성공만을 기다리는 것은 죄악이다. 인간은 본능적으로 괴로운 역경을 싫어하고 안락함을 추구하는 동물이다. 일상의 작은 안일함이 모여 평안함을 추구하는 것은 점점 더 위기에 빠뜨리게 된다. 위기(危機)는 위험과 기회의 합성어의 준말이다. 따라서 위기는 이에 굴복하거나 이를 극복할 인생의 시험대가 된다. 그러므로 위기는 기회를 준다.

폭풍이 지난 후 순풍과 평온이 올 것이며, 그리고 행복해질 것이다. 따뜻한 온실 속의 화초보다 혹한을 이겨낸 들꽃이 생명력이 더 강하다.

「그러므로 행복한 삶을 얻기 위해서는 십자가의 고통 없이 부활의 영광만 누리려는 인간은 되지 말자. 뜻이 있고 노력하는 자에게 행복은 스스로 찾아올 것이다.」

'천재는 머리보다 땀'이라고 했다. 그리고 노력하는 자를 이길 수 없다고 하였으며, "천재는 태어나는 것이 아니라 만들어진다."고도 한다. 그러므로 행복을 위해서는 노력을 해야 하고, 부족한 곳에는 땀으로 채우라고 한다. 땀으로 세워진 탑은 쉽게 허물어지지 않는다.

"오늘 내가 하지 않으면 누가 하랴!", "지금 하지 않으면 언제 하랴!", "여기서 하지 않으면 어디서 하랴!"

부지런한 삶은 하늘의 복을 받는다. 그리고 행복한 삶을 만든다. 오늘의 행복한 삶의 경험을 통해 얻는 지혜야말로 우리가 다음세대에게 물려줄 가장 훌륭한 선물이 될 것이며, 하느님은 진실하게 살지 않는 사람을 성장시키지도 축복하지도 않으신다고 한다. 진정한 행복은 성실한 삶에서 온다.

인생은 넓고 짧게 보람있게 살아가는 길과 가늘고 길게 평범한 보통인으로 사는 길도 있다. 이 세상에서 많은 어려움과 힘든 괴로움을 극복하며, 삶의 행복을 만끽하며 살아가는 인생이어야 하며, 그리고 지옥의 세상에서도 온갖 어려움을 극복하며 삶을 즐기고자 하는 인생이어야 한다.

하늘을 우러러 한 줌의 부끄러움 없고 후회 없는 삶을 사는 것, 그리고 하루하루 진실되고 성실한 삶과 매사에 감사하며, 행복하고 건강하게 살아가기로 하자.

열심히 사는 사람에게 행운이 있고, 성실하게 사는 사람에게 복이 있을 것이며, 덕(德)으로 살아가는 사람에게 경사스러움이 올 것이고, 사랑을 실천하며 살아가는 사람에게 하느님의 은총이 내릴 것이며, 그리고 이런 사람들에게 행복이 찾아올 것이다.

사랑이 있는 곳에 하느님이 있다고 하였다. 하느님과 사랑이 있는 곳에 축복이 있고, 삶의 즐거움이 있을 때 행복이 있다. 바라는 모든 것을 성취했을 때 감사함이 있고, 행복은 주어진 것이 아니라 만들어지는 것이다. 행복은 멀리 있는 것이 아니라 늘 당신 가까이에 있는 것이다.

'링컨'은 "인간이란 자신이 행복해지려는 결심의 강도에 따라 그만큼 행복해질 수 있다."고 하였다. 그러므로 행복은 마음먹기에 달려있으며, 살아있는 사람의 소유물이며, 최선으로 삶을 살아갈 때 덤으로 따라오는 것이다.

'정진석 추기경'이 마지막 남긴 말 "행복하게 사는 것이 하느님의 뜻입니다."고 하였다.

◆ 노력하지 않고 성공한 사람이 있던가?
인내하지 않고 이루어진 과업이 있던가?
모험하지 않고 만들어진 창조품이 있던가?
그리고 최선을 다하지 않고 얻어지는 행복이 있던가?

◆ 보다 많이 구하면 보다 많이 얻을 것이며,
보다 많이 일하면 보다 많은 것을 가져올 것이고,
보다 많이 노력하면 보다 많은 행복을 얻을 것이다.
보다 많이 땀 흘리고 씨 뿌린 데서 행복의 열매를 얻자.
그리고 행복한 삶을 살자!

◆ 열심히 사는 것이 행복한 삶이 될 것이다.
일이 있는 곳에 행복이 있고,
부지런한 삶이 있는 곳에 행복한 삶이 있다.

◆ 행복한 삶을 산다는 것은 아름다운 삶을 사는 것이고,
진정한 행복은 노력하는 성실한 삶에서 온다.

◆ 삶의 즐거움이 있을 때 행복이 있고,
행복은 마음먹기에 달려 있으며 살아있는 사람의 소유물이다.

2

되새김질(反芻)하는 삶

소는 사람에게 많은 지혜를 준다. 소는 일단 먹은 것은 절대로 그냥 삼키지 않고 되새김질(反芻)하여 삼킨다.

사람은 마음에 와 닿는 마음의 식량인 인생의 좌표가 될 명언이나 경구(명구:名句)를 그대로 흘려보내기 전에 소화가 잘되게 '소'처럼 되새김질하여 자신의 마음 식량으로 받아들여야 한다. 이처럼 마음에 식량이 될 귀중한 격언들을 되새김질하는 것이 지혜를 얻고 마음을 닦는, 즉 마음 밭갈이(心耕)를 하는 것이다.

가축 중에 '소'는 부지런함이 제일이다. 힘들고 괴로우나 충직하게 밭가는 모습을 보라. 참고 견디는 강인한 성직자 같은 '소'. 그래서 인도에서는 '소'를 성스러운 동물이라 하지 않는가.

'소'는 성실과 끈기의 대명사이자, 풍요의 상징. 큰 덩치 때문에 우둔하고 미련하다는 평도 받지만, 우직하고 순박하다는 칭찬을 더 많이 받는다. 그래서 뚜벅뚜벅 가는 길이 천 리를 간다는 우보천리(牛步千里)라는 말이 있다. '소'의 지구력을 높이 평가하는 말이다.

'소'는 살아서 열심히 일해주고, 죽어서는 자신의 모든 것을 (살은 물론. 피와 쓸개까지도) 주인(사람)에게 바친다. 심지어 똥과 오줌까지도 농사에 거름이 된다. 그래서 "소에는 하품밖에 버릴 것이 없다."는 말도 있다.

사람의 삶은 '소'가 외나무다리를 건넌다는 합성어(合成語)의 의미처럼(牛 와 一은 生) 항상 불안한 삶과 험난한 길 앞에 서 있는 것. 그래서 산다는 것 즉, 인생은 고해(苦海)라고도 한다. 세상에 태어나면 고생길이라는 것. 생활고(苦), 병고(病苦), 자연재해 등을 이겨내야 하는 고통이 삶에 있다는 것. 소의 되새김질하는 지혜와 참고 견디는 강인함과 우직함, 순박한 성품 등을 배우며 살아가는 것이 삶의 바람직한 모습이 아닐까 한다.

「87세의 고령까지 청렴결백한 위민정신과 후덕한 정치로 일관한 '황희' 정승도 어느 농촌에서 묵묵히 밭을 가는 황소에게서 많은 깨달음을 얻었다고 한다.」

◆ 소에게서 많은 지혜를 배운다.
  소는 일단 먹은 것은 절대로 그냥 삼키지 않고
  되새김질 하여 삼킨다.

◆ 소는 가축 중에서 부지런함이 제일이다.
  힘들고 참고 견디는 강인한 성직자 기질의 소유자이고
  뚜벅뚜벅 우보천리(牛步千里)를 간다.

3

어머니의 가르침

　대한민국의 대표적인 어머니 상으로는 글쓰기 시합으로 알려져 있으며 자식을 성필(聖筆)로 키운 한석봉의 어머니와 이조 시대 정치학자이며 성리학의 대가이고 '십만양병설'을 주장한 이율곡(李珥)의 어머니 신사임당이 있다.

　한석봉의 어머니처럼 어머니가 먼저 강해야 아이가 강해지며, 인생의 승자를 만든다. 이율곡의 어머니도 스스로(먼저) 학문에 뜻을 두고 서예에 전념하는 본보기(태도)가 아들을 훌륭한 사람으로 키우는 데 큰 영향을 주게 된다고 하여 아들을 가르쳤다.

　4남 2녀 모두가 미국 일류 대학 하버드와 예일대 박사학위를 취득하였고, 두 아들이 동시에 미 차관보에 진출하였으며, 다른 자녀들도 상류 각계의 엘리트로 자리 잡은 미국에서 성공한 가정으로 평가받는 '전혜성'(전 예일대 교수) 가족이 있다. 그

녀는 '덕승재(德勝才)'라 하여 재능 좋고 공부를 잘하는 것보다 덕(德)으로 마음을 다스리는 것이 자신을 이기는 것으로, 자식들에게 공부도 좋지만 지도자가 될 수 있게 자질을 키워가는 공부를 시켰기에, 아들 '고홍주'는 법률고문 청문회에서 위원들로부터 "예의, 명예, 자비를 갖춘 인물로 우리가 친구나 이웃으로부터 찾게 되는 높은 가치를 지녔다."고 격찬되기도 하였다.

종(種)의 합성설(合性說)을 창시한 '한국 농업의 아버지'로 불리는 '우장춘(禹長春)' 박사의 어머니(日本人) '사카이'는 "해방 전에는 어머니의 나라(日本)에서 해방 후는 아버지의 나라(韓國)에서 봉사하라"하여, "밟혀도 꽃피우는 길가의 민들레꽃처럼 되라!"고 가르쳤다 한다.

'이토'를 살해함도 안중근 의사의 큰 업적이지만 감옥과 법정에서 보여준 의연함과 사형 선고를 받은 아들에게 "항소를 하지 말라!"는 가르침과 형장으로 아침에 입을 수의를 직접 만들어 보내신 어머니의 따뜻하고 고귀한 사랑의 가르침이 얼마나 위대한 것인가는 후세에 사표가 된다.

맹모삼천지교(孟母三遷之敎)라 하여 '맹자'의 어머니는 자식의 교육을 위해 환경 좋은 곳으로 세 번씩이나 이사했다는 것은 교육환경의 중요함을 가르쳐주는 유명한 이야기이다.

미국 제44대 대통령 '오바마'의 어머니는 가정을 두 번씩이나 바꾸면서도 오직 "관용과 평등을 지키고 혜택 받지 못한 사람들 편에 서라!"는 가르침과 '남을 배려할 줄 아는 사람'으로 꿈을 키워준 바 있으며, 미국의 국부라 불리는 '조지 워싱턴' 초대 대통령의 어머니는 "임종 시에도 어머니를 찾아오지 말며 걱정도 말고", 오직 "아들아, 언제나 최선을 다하는 사람이 되어라!"라고 가르쳤다.

사람은 나이가 100살이 되어도 어머니의 사랑과 가르침은 끝내 마음 속 깊이 간직하고 살고, 그리고 죽을 때까지 가지고 간다.

세상에서 제일 큰 사랑이라면 어머니의 사랑이라 하겠고, 제일 큰 가르침이라면 어머니의 가르침이다. 그리고 어머니의 사랑과 가르침은 위대하여 세계의 영웅을 만들고 위인들을 만들며, 세계의 역사를 만들고, 세계를 움직인다. '석가'도 어머니에게서의 따뜻한 사랑과 가르침이 있었고, '예수'도 '성모 마리아'의 뜨거운 사랑과 훌륭한 가르침으로 위대함을 만들었다.

◆ 아들을 성필(聖筆)로 키운 대표적인 '한석봉'의 어머니는 먼저
   어머니가 강해야 아들이 강해진다 하여 먼저 글쓰기를 하였으며,
   아들의 장래를 위하여 어머니가
   먼저 학문에 뜻을 두고 있어야 한다고 하여
   훌륭하게 자석을 키운 '이율곡'의 어머니 '신사임당'이 있다.

◆ 세상에서 가장 큰 사랑은 어머니의 사랑이고,
   가장 큰 가르침은 어머니로부터의 가르침이다.
   그러므로 어머니의 사랑과 가르침은 위대하다.

아버지의 메시지

◆ 약할 때 강할 줄 알며 두려울 때 용감할 줄 아는 아들. 솔직한 패배 가운데서 당당하고 굽히지 않으며, 그러나 승리 가운데에 서는 겸손하고 너그러운 아들. 그를 편안한 위로의 길로 보내지 마시고 난관과 도전이 있는 긴장과 자극 가운데로 보내소서.
　　　　　　　　　　－ 맥아더 장군, 아들을 위한 기도문 －

　사람이 성장기에 있어서 말을 잘 듣는다는 것은 무조건 순종만을 의미하는 것은 아니다. 자신이 미리 체득하기 전에 아버지로부터 살아오면서 얻은 정제, 교정된 다듬어진 삶에 대한 진리를 전수받는 것은 참으로 복 받는 일이다.
　멋대로 살아가기보다는 "순간의 욕구를 참아낸 아이들이 성공한다고"한다. '자기통제'가 성공의 지름길이라는 것이 마시멜로 법칙의 메시지라고 하였으며, 미국(美國)의 '미셸' 박사는 마시멜로 실험의 결과 '자기통제'를 잘하는 사람들이 더 좋은 결과를 만든다고 증명했다.

그리고 '자기통제'란 자신의 욕구나 감정을 무조건 억제하고 참는 것이 아닌 자기 내면의 욕구, 느낌을 성찰하고 이를 사회적 맥락에 맞게 통제하면서 표현할 수 있는 능력이라고 하였다. 이렇게 '자기통제와 자기조절' 능력은 오직 자기 마음 닦기와 다스림에서 나오는 것이다.

그리고 영국의 '내틀'은 '진화와 인간행동'이란 2008년 격월간지 11호의 논문에서 아버지의 사랑을 많이 받는 자식일수록 지능지수가 높다고 발표하였다. 사람은 성장기에 아버지나 어머니에게서 훌륭한 사람이 되기를 약속하며, 열심히 살아가는 '자기통제와 조절능력'을 습득한 아이가 성장해서 훌륭한 사람이 되는 것이다.

바르게 성장하며 살아가기(正行)를 하는 유형(類型)으로 아버지로부터 마음을 차분하게 다스리는 법을 배우고, 자신의 감정을 절제할 줄 아는 것을 배운 미국 초대 대통령 워싱턴은 '내가 인생에서 거둔 성공은 부모에게서 받은 도덕적, 지적, 육체적 교육 덕분'이라고 하였다. 그리고 "도덕적인 삶이야말로 영원히 존재하기 때문이다."고 한 미국 최초의 부자(父子)대통령 '존 퀸시 애덤스'가 '아버지로부터 받은 교훈과 아버지가 보여준 모범적인 삶은 내 인생에 가장 큰 재산'이라고 한 것처럼 널리 알려진 존경받는 지도자들이 많다.

그러나 정반대의 길 즉, 비정상적인 기행(奇行)으로 성장한 경우도 있는데, 아버지의 말을 잘 듣지 않고 학교에 가지 않으려고 거짓말을 자주 했던 말썽꾸러기, 문제아였던 인도의 시성(詩聖)이라 불리는 '라빈드라나트 타고르'가 있으며, 말을 안 들은 아들 때문에 아버지를 골치 아프게 하였으며, 하버드대를 중퇴하는 소동을 일으킨 문제아였으나 오직 자신이 좋아하고 하고자 하는 일인 컴퓨터에만 푹 빠져 온 정신을 몰입하는 기질로 오늘의 세계 1위의 부자가 된 '빌 게이츠'도 있다.

이러한 사례들은 요즘과 같이 억지 공부나 억지 과외를 하는 공부는 아이를 병들게 할 수도 있으며, 자신의 적성과 소질을 찾아내어 그것에 몰입하며, 스스로 할 수 있게 최선의 방법을 찾을 때 훌륭한 인간으로 성장하게 되는 참 인재를 만드는 길임을 보여준다.

◇ 꼭 공부를 잘해야만 훌륭한 사람이 되는 것은 아니다. 무엇을 하건 언제나 최선을 다하는 성실하고 진지한 태도, 그것이 가장 중요하다.

― 괴테 ―

◇ 존경받는 위인들 중에는 어릴 때 의외로 공부를 잘 못했던 사람이 많다. 너의 능력에 대한 자신감, 네가 하는 일에 대한 주관과 노력하는 자세를 가진다면 너도 **훌륭한** 사람이 될 수 있다.

− 라 브뤼에르 −

학교성적만으로 아이들의 미래를 섣불리 판단하는 것은 옳지 않다. 성적이 떨어졌다고 무작정 야단치기보다 격려의 말로 아이들의 무한한 잠재력을 일깨워주어야 하며, 공부를 잘하는 사람과 훌륭한 사람이 되는 것에는 큰 차이가 있다.

당신은 어떤 것에 미쳐 있나?

○ "무엇에 열중하면 나이를 잊어버린다."(공자)

○ '톨스토이'도 진정으로 삶을 살 수 있는 것은 무엇에 미쳐 있을 때라고 했다.

○ 재주꾼은 신끼가 있어야 한다는 말은 그것에 미쳤다는 말이다.

○ '피카소'는 그림에 미쳤기에 세계 최고의 화가가 될 수 있었고, '빌 게이츠'는 컴퓨터에 미쳤기에 하버드대를 중퇴하고도 세계 최고의 부자가 되었다.

○ 세상 모든 일에 있어서 성공에는 미지근함이나 무덤덤함은 적이며, 무엇에 미쳐있어야 한다고 하였다.

○ 자기가 세워놓은 목적 달성에는 미쳐있어야 희망이 있다.

○ 미친 열정만이 세상에서 최고가 될 수 있다.

○ 미친놈만이 살아남는다. (인텔사의 '엔디그로' 부회장)

◆ 승리에 겸손하고, 너그러운 아들에게
   그를 편안한 위로의 길로 보내지 마시고
   난관과 도전이 있는 긴장과 자극이 있는 곳으로 보내소서.
                                    - 맥아더 장군, 아들에게 -

◆ 순간의 욕구를 참아낸 아들이 성공한다.
   '자기 통제는 성공의 어머니'

◆ 자신이 체득하기 전에 아버지로부터 얻은 절제,
   교정된 삶에 대한 진리를 전수 받는 것은
   참으로 복 받는 일이다.

◆ 아버지의 사랑을 많이 받은 자식일수록 지능지수가 높다.

효(孝)하기

'사랑의 눈'으로 세상을 바라보면 세상이 사랑스럽고, '아름다운 눈'으로 바라보면 세상 모든 것이 아름답다. '지혜의 눈'으로 세상을 바라보면 삶을 이해할 수 있고, '효의 눈'으로 삶을 바라보면 때를 놓치지 않고 '효'를 다할 수 있다.

자신에게 생명을 주시고, 진자리 처리하며, 키우고 가르치고 배움을 만들어주며 성장시켜 자립하게 만들어주신 하해(河海) 같은 부모님의 은혜에 보답하는 것이 '효하기'이다.

옛 사람은 효는 백행(百行)의 근본이라 하여 사람의 모든 행동에 앞서 있음을 강조한다. '효도'하는 집안에서 충신이 나온다. '필사즉생(必死則生)'의 신념으로 애국하신 '이 충무공 이순신 장군'과 십만양병설을 주창한 율곡 이이(李珥)가 어머니 별세에 3년 동안이나 시묘살이를 한 효심(孝心)은 이미 널리 후세에 알려져 있다.

까마귀는 자기를 낳고 키워 준 은혜에 보답하는 동물 중에 가장 효행이 지극한 새이다. 새끼 까마귀가 커서 어미의 은혜를 보답하는 효행을 반포지효(反哺之孝)라고 하여 일찍이 사람들에게 '효하기'를 많이 생각하게 한다.

그래서 옛 사람은 나무는 가만히 있고 싶어 하나 바람이 그치지 않음을 보고, 자식이 부모를 봉양하고자 하나 부모가 이미 세상을 떠나 안 계신 것을 후회한들 무슨 소용이 있겠나 하였다. (樹慾靜而 風不止 子欲養而 親不待) 한(漢)나라 한시외전(漢詩外傳)

그래서 "어버이 살아계실 때 섬기기랑 다 하여라!"는 말이 있다. '효'가 있어 아름답다.

그러나 어렵게 살며 고생으로 키운 집 자식은 부모에게 '효도'하지만 남부럽지 않게 부유하여 자식들이 해달라는 대로 다 해주는 부족함 없는 환경 속에서 키운 자식에게서는 '효도'를 바라기가 힘이 든다.

효(孝)하는 데는 여러 가지가 있다. 경제적인 어려움을 돕고, 늙어서 신체적인 병으로 고통 받는 어려움 등을 보살펴 드리는 보편적인 '효'를 소효(小孝)라 하고, 자신이 입신양명(立身揚名)하여 명성을 높임으로써 부모, 조상에게 기쁨과 즐거움, 그리고 자랑을 안겨주는 것으로 가문(家門)의 영광과 명예를 높이는 것을 더 큰 희소한 효행이라 하여 즉, 대효(大孝)라 하였다.

효(孝)자는 자식(子)이 노인(老)을 등에 업고 있는 뜻을 가진 글이라고 한다. 늙은 부모를 봉양한다는 뜻이다. 그러므로 부모의 은혜에 감사할 줄 모르며, 효도하지 않는 인간은 되지 말아야 한다.

'주자(朱子)'는 "부모가 살아 계실 때 효도하지 않으면 죽은 뒤에 후회한다."(不孝父母 死後悔)고 하였다.

사랑에는 내리 사랑이 있어 존경스럽고, 올림 사랑이 있어 아름답다. 그러나 내리 사랑을 다 보상받기란 어려운 일이다. 노인에 이르면 자식들에게 의존할 수밖에 없지만 베풀었던 사랑을 다 되돌려 받기란 힘든 일이다. 그러나 부모에게서 받은 것으로 자식들이 잘 사는 것을 보고 만족할 때 자신의 인생은 성공했음을 느끼게 된다. 서양 속담에는 "상처는 모래에 쓰고, 은혜는 돌에 새기라!"고 하였다.

◆ 효의 눈으로 삶을 바라보면
   때를 놓치지 않고 효를 다할 수 있다.

◆ 효도하는 집안에 충신이 나온다.

◆ 부모가 살아계실 때 효도하지 않으면
   사후에 후회한들 무슨 소용이 있나!

◆ 어버이 살아 계실 때 섬기기랑 다하여라.

06

한결같이
부지런한 삶

한결같이 부지런히 일하면 세상에 어려움이 없다.

– 안중근 의사의 勤天下無難事 휘호 –

한결같이 부지런한 삶

부지런한 부자는 하늘도 못 막는다는 속담이 있다. 그리고 "한결같이 부지런히 일하면 세상에 어려움이 없다."는 휘호를 남긴 안중근(안중근(安重根) 의사는 옥중에서도 나라를 되찾겠다는 일념(一念)뿐이었다. 나라 잃고 가진 것이란 가난뿐인 초근목피(草根木皮)로 연명하는 빈국(貧國)의 처지를 통탄한 나머지, 외세로부터의 국권회복(國權回復)을 위해서 오직 민족의 근로정신을 장려, 개발하여 부국의 길을 찾아 힘을 배양하는 길밖에 없음을 알고, 잃은 나라를 되찾겠다는 굳은 의지가 있었다.

안중근 의사는 친필 유서에

「추운 날 아침 어느 집 길모퉁이에 지난 밤 취객이 토해 논 누런 장물(臟物)을 동네 비둘기가 조반으로 맛있게 쪼아 먹는 것처럼, 영국, 미국, 프랑스, 중국, 소련 등 세계열강들이 서로 먹자고 하였다가 소화가 안 되어 토해놓은 '조선'이 평화를 가장한 '일본'의 만찬장이 되어버리는 것을 두 눈으로 지켜보면서, 조국의 서글픈 처지를 통탄하며 동양평화론을 주장한 안중근 의사의 애국충정이 떠오른다.」라고 적었다.

청년들이여 '만해'를 배우라. 만해 한용운은 일본에 나라를 빼앗긴 처지에서 "우리의 원수는 일본이 아닙니다. 절대로 아닙니다."고 하였다.

"우리들의 원수는 바로 우리들 자신의 게으름, 이것이 바로 우리의 가장 큰 원수가 아니고 무엇이겠습니까?" 하여 외세(外勢)로부터의 원한을 국민자성(自省)의 계기로 삼고자 하는 근로정신의 소중함을 일깨웠다.(만해 '한용운'의 생애와 정신)

'박정희 대통령(朴正熙 大統領)'의 휘호 '일근천하무난사(一勤天下無難事)'를 있게 한 것은 조국근대화(祖國近代化)의 기치를 내걸고 천

安重根의사 遺墨 공개
순국하던날 신문에 실려

안중근(安重根) 의사가 여순 감옥에서 순국하던 1910년 3월 26일 발행된 만주일일신문에 실렸던 안 의사의 유묵(遺墨)이 그의 순국 90주년을 맞아 여순순국선열기념재단(이사장 박보희·朴普熙)에 의해 23일 공개됐다.〈사진〉

글씨 내용은 '한결같이 부지런히 일하면 세상에 어려운 게 없다'는 뜻의 '일근천하무난사(一勤天下無難事)'. 우연하게도 22일 정주영(鄭周永) 현대그룹 명예회장이 청운동에서 계동으로 이사하면서 공개한 박정희(朴正熙) 전 대통령이 써준 휘호와 내용이 똑같다.
〈李綸周기자 hwlee@chosun.com〉

형(天刑)처럼 내려오는 가난을 벗어나야 한다는 일념으로 "농촌이 살아야 나라가 산다."는 신념아래 근면(勤勉), 자조(自助), 협동(協同)의 정신을 바탕으로 한 '새마을운동'을 전개한 결과 오늘날 세계의 모범 중진국에 서게 하였다.

그리고 '정주영' 현대명예회장

이 가훈(家訓)으로 '박정희 대통령'의 '일근천하무난사(一勤天下無難事)'의 휘호를 가지고 있게 된 데에는 우리나라에서 대표적인 부지런한 인물이었으며, 조국 근대화 '새마을 운동'의 역군으로서 오늘의 현대(現代)와 그 부지런함이 경부고속도로의 단축 완공을 비롯한 우리나라의 경제발전에 많은 역할을 담당하였다.

'일근천하무난사(一勤天下無難事)'라는 애국 충정 어린 숭고한 깊은 뜻을 지닌 근로정신은 '안중근' 의사로부터 발상되어 만해 '한용운' 선생으로 이어지고, 다시 '박정희' 대통령의 새마을 운동의 원동력이 되면서 기업인 중 부지런함의 대표격인 '정주영' 현대그룹 명예회장에 이어, 세계 정상의 기업으로 성장한 삼성 '이건희' 회장으로 이어지고 있다. 이처럼 우리나라에서 1세기에 걸쳐 내려온 '일근천하무난사(一勤天下無難事)'는 애국 충정 어린 선각자들에 의해 국가적 근로정신의 표상(表象)이라 할 것이다.

옛 사람들도 "큰 부자는 하늘에 있고, 작은 부자는 부지런함에 있다.(大富由天 小富由勤)"고 하였다. 부지런한 꿀벌은 슬퍼할 틈이 없다고 한다. 부지런한 사람은 정직하고 성실하게 살고, 게으른 사람은 일확천금만 꿈꾸면서 산다.

아버지의 유언은 "부지런한 삶"

효가 지극한 아들 두 형제는 아버지가 사경에 이르자 혹시나 하고 유언이 있기를 기다리며 아버지 앞에서 임종을 지키고 있었다. 기력이 다한 아버지의 나지막한 목소리는 두 아들의 귀를 가까이 가져가게 하였다.

"미안하다. 밭에 보물이 있으니 지금은 줄 것이 없다."는 말만을 남기고 아버지는 눈을 감으셨다. 그 후 아들 두 형제는 아버지가 묻어둔 보물이 나올 것이라 태산같이 믿고 밭갈이를 더욱 열심히 하며 농사를 지었는데, 농사가 전례 없이 풍작이 계속되는 것이 아닌가?

아! 그제야 아들들이 깨닫게 되었는데 스스로 열심히 밭을 갈아 농사를 부지런히 지으면 풍년이라는 보물을 저절로 얻게 되는 것임을….형제는 아버지의 깊은 뜻에 감사를 올리게 되었다.

"신(神)은 아무에게나 행운의 얼굴을 내밀지 않으며, 아무에게나 문을 열지 않는다. 효하는 아들에게 문을 열어주고, 문을 두드리는 사람과 부지런한 사람을 돕는다."고 한다.

남태평양의 인구 13,000명의 작은 섬나라 '나우루 공화국'의 천혜의 인광석으로 얻은 부(富)는 국민들의 나태(懶怠)를 잉태시켜 일을 아니하고 호식하게 만들었다. 100m 가까운 거리도 차를 타서 이동한다. 국민의 97%가 운동부족으로 과체중이며, 40% 이상이 당뇨병으로 다리를 절단하거나 각종 성인병 환자로 우굴거린다. 마구잡이 채굴이 끝난 지금은 최빈국으로 전락하여 파산에 이르렀다. 이는 천혜의 인광석은 버려도 '부지런한 삶'을 버려서는 안 된다는 엄한 교훈을 준다.

◇ 당신이 할 수 있는 일 또는 꿈꾸고 있는 일을 지금 즉시 행동으로 옮겨보라. 이러한 과감성 속에는 천재성, 힘, 마력이 담겨 있다.

― 괴테 ―

◆ 인생은 활동하는 가운데 존재하며,
  무기력한 휴식은 죽음을 뜻한다.

◆ 청년에게 전하고 싶은 말은 세 마디이다.
  "일하라, 더욱 일하라, 끝까지 일하라!"

◆ 머리가 아무리 좋은 천재라도 노력하지 않으면
  머리가 좋지 않은 것만 못하다.

◆ 나라 잃은 우리들의 원수는 바로 우리들 자신의 게으름이다.

◆ 한결같이 부지런하면 세상에 어려움이 없다.

◆ 부지런한 꿀벌은 슬퍼할 틈이 없다.

◆ 신은 아무에게나 행운의 얼굴을 내밀지 않는다.

2

참고 견딤(忍耐)

◆ 참고 견디는 것을 생각하는 것은 유쾌한 일이다.

— R. 헤리 —

자기 자신의 완성을 위해 마음을 다스리고, 마음을 닦는 힘은 오직 참고 견디는 '인내'에서 나온다. 그리고 자신이 일생에 바라는 목표의 성취도 인고(忍苦)의 결과로서 이루어진다. 그러므로 '인내'는 사람에게 있어야 할 가장 소중한 덕목(德目) 중 하나이다. 그리고 어려움과 고통을 이겨내는 '인고(忍苦)'의 결실은 아름답고, 인내(忍耐)는 최상의 행복이다.

인내(忍耐)가 있는 곳에 의연함이 있고, 인생의 무게가 있으며, 큰 결과(大成)가 기다린다. 성장은 인내와 노력의 결과에서 이루어지는 것이다. '참고 견딤' 없이 이루어지는 일은 없다. '나폴레옹'도 "참고 견딤이 있는 자에게 승리가 돌아간다."고 강조하였다.

올림픽에서 보는 것과 같이 4년이건 10년이건 오직 필승만을 다짐하는 출전 선수들에게 있어, 아니 모든 사람에게 있어 만족할 만한 성공의 결실은 같은 조건에서 누가 더 많은 '인고'의 눈물을 많이 흘렸느냐에 따라 '승리의 여신'이 손을 들어주는 것이다. 그리고 최선을 다한 만큼의 승리를 기대하는 자세가 바람직하며, 참 승리라 할 수 있다.

인생살이에 평탄한 날만 있는 것은 아니다. 험하고 고단한 고갯길을 넘기 위해서는 참고 견뎌내는 인내(忍耐)의 힘이 없고서는 헤쳐 나갈 수가 없다.

'인내(忍耐)'는 안중근 의사가 순국하기까지의 그의 일생을 지킨 계율(戒律)이고, 좌우명(座右銘)이었다. 1909년 10월 26일 하얼빈역에서 '이토'를 총살하는 역사적인 거사 이후 이듬해 3월 26일 순국하기 전까지 '안' 의사가 보여준 의연함도 바로 이 좌우명에서 비롯됐다. 체포된 후 10회의 검찰심문, 6회의 공판에서 보여준 '안' 의사의 의연한 기개는 우리 후손에게는 큰 용기와 애국정신을, 일본인과 중국인에게는 대단한 칭송과 흠모의 대상이 되었다.

그리고 중국의 국부 손문(孫文)은 " '안'의사의 거사는 삼한을 덮고 이름은 만국에 떨치나니, 백세의 삶을 넘고 천추에 빛나리라."고 했으며, 신문화혁명의 선구자 진독수(陳獨秀)는 청년 들에게 "톨스토이와 타고르가 되기보다는 안중근처럼 애국사 상가가 되어라."고 하는 격찬을 했다.

한국의 대표적인 산악인 '엄홍길'은 히말라야 8,000미터 급 봉우리 16좌 모두를 등정하였는데, 엄청난 고통과 참고 견디 어 내는 '인고'의 힘이 필요함을 "인간은 고난과 인내를 통해 서만 위대해질수 있다"고 하였다.

죽음의 공포가 하루하루를 지배하는 700미터 지하의 칠레 광산 사고에서는 실낱 같은 희망과 지도자의 기지와 인내로 생환에 성공하여 전 세계를 놀라게 하였다.

예수와 석가도 인간으로서는 견디기 불가능한 십자가의 수 난과 고통, 오랜 기간의 단식 수행을 인내로 극복하여 위대한 성자(聖子)가 될 수 있었다.

세계 2차 대전에 임하는 '처칠'은 "우리가 인내와 용기를 결 합한다면 최후의 승리의 희망이 있다."고 하였다.

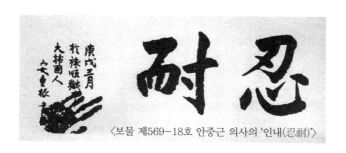

〈보물 제569-18호 안중근 의사의 '인내(忍耐)'〉

'안중근' 의사의 유묵(忍耐) 해설

    1910년 2월 14일 '안' 의사의 마지막 공판에서 사형이 선고되고 동양평화의 염원을 글로 쓰면서 심회를 다잡기 위해 쓴 '인내(忍耐)'라는 두 글자 휘호는 현재 재미동포(金聖變)가 소장하

고 있으며, 유묵 '인내(忍耐)'는 72년 8월 15일 보물 제569의 18호로 지정됐다.

    '안' 의사 유묵은 모두 낙관 대신 먹물로 찍은 왼쪽 수인(手印) 손바닥 지문이 찍혀있다. 자세히 살펴보면 약손가락과 새끼손가락이 비슷한 길이임을 알 수 있는데, 이는 1909년 1월 의병재기운동을 벌이면서 동지 11명과 함께 단지혈맹(斷指血盟)을 맺을 당시 혈서를 쓴 흔적이다. 현재 '안' 의사의 유묵은 23점이 보물로 지정되어 있다.

◆ 참고 견디는 자만이 새 생명을 얻으리라.

— 성경 신약 누가복음 20장 —

◆ 마음을 닦는 힘은 오직 참고 견딤에서 나온다.

◆ 어려움과 고통을 이겨내는 인고의 결실은 아름답다.

◆ 참고 견디는 자에게 승리가 돌아간다.

◆ 누가 인고의 눈물을 많이 흘렸느냐에 따라
　 승리의 여신은 손을 들어준다.

◆ 인간은 고난과 인내를 통해서만 위대해질수 있다.

유비무환(有備無患)

세상만사에 임하기 전에 완벽한 성사를 얻기 위해서는 사전 준비가 필수적이다.

미래 사회의 주인공은 미리 준비한 사람들의 몫이라고 한다. 국가나 개인에 대한 모든 일에 '유비무환(有備無患)'으로 사전에 대비한다면 성사 아니 될 일이 없으나, 무계획한 우연으로 이루어진 성사는 완벽하기가 힘들다.

농사에서도 가을에 기분 좋게 열매를 수확하기 위해서는 미리 이른 봄에 밭을 갈고 씨를 뿌려야 하는 것처럼, 인간도 늙어서 후회하지 않기 위해서는 젊은 시절에 열심히 배워야 하고, 그리고 늙어서 편히 살기 위해서도 젊었을 때 열심히 일해야 한다.

전쟁에 있어서는 지피지기(知彼知己)로 적을 미리 알고 '유비무환'으로 미리 준비(準備)하고 대응한다면 백 번 싸워 백 번 이

길(百戰百勝) 것이다. 그러므로 '박정희 대통령'은 무인정신(武人情神)으로 유비무환을 실천했던 것이다.

부국강병책(富國强兵策)만이 나라의 살 길임을 강조하고, 임진왜란이 일어나기 8년 전에 이미 국방을 튼튼히 하고자 주장한 율곡의 '유비무환'책인 십만양병(十萬養兵) 주장이 무산되어 나라의 장래는 풍전등화(風前燈火)에 놓이게 된 것이다.

북한의 경우는 선군정치, 군사력 강성대국 통치로 기초 경제를 경시한 결과 남한보다 우위에 있었던 경제여건이 지금에 와서는 남한의 수십 대 1 수준의 격차 속에서 민생식량 문제도 해결 짓지 못하는 세계 최빈국으로 추락한 실정이다.

그러나 한국은 '유비무환'의 신념을 가지고, 6·25전쟁의 폐허에서 민생고를 해결하고, 조국근대화 건설에 새마을운동의 기치를 내걸어 중화학 공업을 기반으로 하는 철강을 비롯한 조선 등 국가 기간산업을 육성하여 국민소득 3만 달러 수준이 되는 오늘의 산업근대화의 기초를 다져 세계 10위의 경제권의 대열에 당당히 서게 되었다.

1천 년을 내다보는 국가의 비전과 100년을 계획하는 도시 건설 등에도 미리 대책을 세워 나가는 유비무환의 현명함이 있어야 하며, 지진, 태풍, 홍수, 쓰나미 등 각종 자연재해도 사전에 대비하면, 그 피해를 최소화할 수 있다. 선진국들은 재난

방제 대책을 국가 시책의 우선순위에 두고 있는데, 매년 지진이 일어나는 일본은 지진을 대비한 건설과 교육으로 그 피해를 줄여나가고 있다.

준비가 있으면
근심이 없다.

◆ "성공하려면 준비하라.
　미래를 여는 진짜 힘은 다름 아닌 '준비'함에 있다."
　　　　　　　　　　　　　　　　　- 제럴드 포드 -

◆ 만사에 미리 대비하면 우환이 없다.

◆ 성공은 오랜 준비 과정의 역사가 있어야 한다.

◆ 성공하려면 미리 준비하라.

◆ 미래 사회의 주인공은 미리 준비한 사람들의 몫이다.

덕으로 다스리기(德治)

나라(國家)를 통치하는 사람은 덕장(德將)이어야 한다. 몸과 마음을 닦아 수양하고, 집안을 다스리는 사람이 나라를 잘 다스리고 온 세상을 편안하게 한다.(修身齊家 治國平天下)

나라를 평안하게 다스리고자 하면(治國平天下) 집안을 먼저 다스리고(齊家), 집안을 다스리고자 하면 몸을 먼저 닦는다(修身). 또 그 몸을 닦고자 하면 마음을 먼저 바로잡아야 하며(正心), 마음을 잡고자 하면 뜻을 성실하게 가져야 하는 것(得心). 이와 같이 덕의 조화로 나라를 다스려야 한다(德治).

옛 사람들은 몸과 마음을 닦지 못하고, 집안을 다스리지 못하는 사람은 나라를 다스릴 자격이 없다고 하였다. 그리고 덕은 재능을 이긴다 하여(德勝才), 재능보다 덕이 있는 지도자가 나라를 평정해야 평안히 잘 살게 만든다고 하였다. '손자병법'에서도 지식 있는 장수가 용맹한 장수만 못하고, 용맹한 장수가 덕 있는 장수만 못하다고 하였다(智將不如勇將 勇將不如德將).

만인(萬人)의 장(長)은 몸과 마음을 닦은 덕(德)이 있는 사람 즉, 덕장(德長)이라야 한다.

충무공 이순신 장군은 적과의 싸움에서 죽을 각오를 다하면 산다는 필사즉생(必死則生)의 정신으로 임진왜란의 해전을 전승으로 이끌어냄으로써 후세에 가장 존경 받는 덕장(德將)이었다.

옛 성현은 "힘으로 이기는 자는 가세를 오래 지탱하지 못하며, 덕으로 이기는 자는 가세를 오래 번영한다."고 하였다(以力勝者家不久, 以德勝者家久榮).

그리고 미국의 2대 대통령 '존 애덤스'가 아들 '존 퀸시 애덤스' 대통령에게 "아들아 너의 인생 목표가 도덕에 어긋나서는 안 된다."고 하는 덕의 교훈(德敎)으로 최초의 부자(夫子) 대통령을 탄생케 하는 영광을 가져왔다.

2009년 '야구월드컵(WBC)'에서 준우승한 한국의 '김인식' 감독은 "국가가 있어야 야구도 있다."는 명언을 남겼는데, 세계는 너 나 할 것 없이 '김인식' 감독의 리더십을 벤치마킹 하자는 움직임도 있었다.

수신제가 치국평천하(修身齊家 治國平天下)의 대표적인 인물로는 중국을 61년간 통치한 강희제(康熙帝)를 꼽는다.

프랑스인 선교사 '부베'는 그를 명철한 군주라고 평가하였다. 그가 쓴 『강희제전(康熙帝傳)』에서 꿈속에서도 만나지 못할 위대한 인물이라고 하였듯이 "고상한 품격과 지범한 재능에다 개인적인 인간성, 자제력, 인자한 성격으로 나라를 통치한 '덕장(德將)'이었다."고 한다.

'강희제'는 사람을 볼 때는 그 마음씨를 가장 먼저 살피며, 사람됨에 바르지 않으면 재능이 있다한들 무슨 소용이 있겠나 하여, 인재를 등용할 때는 '덕'을 근본으로 하였으며, 덕이 재능(才能)보다 앞서면 군자(君子)이지만 덕보다 재능이 앞서면 소인(小人)에 불과하다 하였다.

"덕을 가진 사람을 얻는 자가 천하를 얻는다."고 하였다. 사람을 얻기 위해서는 그 마음을 먼저 얻어야 하는데, 마음을 얻으면 천하가 어려움이 없다고 하였다(得心天下無難事). 옛 사람들은 마음 얻는 방법은 사람마다 다르다고 하였다.

자기 마음닦음(修己治人)의 정도(正道)를 보여 준 '율곡 이이(李珥)'는 "이득을 보거든 우선 옳은 것인가를 생각하라."고 하여, 이득을 취함에 있어서도 옳고 그름을 판단하라고 하였으며(見得思義), 어질고 의로움(仁義)을 생명처럼 여기는 그의 덕행은 우리에게 삶의 지표가 되고 있다.

생명수의 권위를 가진 물도 낮은 곳으로 흘러가는 것이 순리이다. 덕망 있는 사람이 가난하고 못 가진 지체 낮은 사람에게로 덕을 베풀어 주면 생명의 감로수가 되지만 그렇지 않으면 덕의 생명력인 베푸는 가치가 상실된다. 덕망을 가진 국가의 지도자(德長)는 나라의 운명을 번영으로 바꾸어 놓으며, 또한 덕망 있는 지휘자(德將)는 백전백승의 승리를 가져온다.

"나라를 지키는 도리는 덕(德)에 있다."하고, 힘으로 지키는 자는 한 집안의 영웅이요(一夫之雄住), 위엄으로 지키는 자는 한 나라를 지킬 수 있으나(一國之雄住), 덕으로 지키는 자는 천하를 세울 수 있다(天下之雄住). 그러므로 "무력은 불가피할 경우에만 사용하며, 천하를 무력으로 위협하지 않고, 덕으로써 어루만져야 한다."라고 하였다.

꽃의 향기는 천 리를 가지만 사람의 덕향은 만 년을 간다(花香千里 德香萬年).

팽나무가 지닌 덕(德), 마을을 지키는 수호신의 우직한 자제로 사람들에게 그늘을 휴식 공간으로 주어 사랑을 받는 팽나무는 아홉 가지 덕을 가지고 있어 천년을 장수한다.

1. 장수나무
2. 안점감
3. 입과 열매

4. 새의 집터 제공과 사람에게 그늘 제공

5. 거목의 위세를 부리지 않음

6. 산이나 계곡 어디서나 잘 자람

7. 안정감을 주는 수세

8. 중용의 도(道)를 깨닫게 함

9. 쉼터, 소통의 장(場) 제공

들길에 핀 민들레의 9가지 덕(德), 민들레를 옛날 서당 주변에 심어 사람들로부터 덕이 있는 풀(德草)로 사랑 받았다.

1. 악조건을 참아내는 인(忍)

2. 역경을 이겨내는 강(剛)

3. 피는 꽃의 차례를 아는 예(禮)

4. 김치를 담가먹을 수 있는 용(用)

5. 벌을 끌어들이는 정(情)

6. 줄기에서 하연 젖이 나는 자애(慈愛)

7. 늙은이의 머리를 검게 하는 효(孝)

8. 모든 종기에 즙(汁)으로 고치는 인(仁)

9. 씨앗이 멀리 날아가는 자수성가하는 용(勇)

나라를 평안하게 다스리고자 하면 집안을 먼저 다스리고

집안을 다스리고자 하면 몸을 먼저 닦는다.

몸을 닦고자 하면 마음을 먼저 바로잡아야 하며

마음을 잡고자 하면 먼저 뜻을 성실하게 가져야 하고

나라를 평안하게 다스리고자 하면

반드시 덕치(德治)로 나라를 다스려야 한다.

5

시작이 있으면

시작이 있어 끝이 있다. 시작과 끝은 분가분의 인과(因果) 관계이다. 시작이라는 원인(原因)이 있어 결과(結果)라는 끝(應報)이 있다. 즉, 인과응보(因果應報)의 결실을 맺게 한 태어남이라는 시작이 있어 죽음의 끝이 있고, 만남의 시작이 있으며 헤어짐이라는 끝이 있는 것이다.

◆ 시작이 있는 모든 것은(萬事에는) 반드시 끝이 있다.

◆ "유시유종(有始有終)"

− 김영삼 대통령의 휘호 −

삼라만상 자연의 이치가 해가 뜨는 일출의 시작이 있으면, 해가 지는 석양의 끝이 있고, 달이 뜨는 시작이 있어 달이 기우는 끝도 있고, 밀물의 시작이 있으니 썰물의 끝이 있다.

이 세상의 모든 생명체도 태어남이라는 시작이 있어 소멸(消滅)이라는 끝이 있다. 생명체는 생자필멸(生者必滅)의 법칙에 따른다.

그러나 시간의 흐름을 길게 보았을 때 모든 것(萬事)의 끝은 새로운 시작을 의미한다. 시작(始作)과 끝(終)은 반복을 거듭해 가는 대자연의 섭리(攝理)이다.

한 해의 유년과 청춘의 계절인 봄으로 시작하여 그 자리를 장년의 계절인 여름에 이양하고, 왕성한 여름도 할 일을 다 하고 나면 성숙의 계절인 가을에 물려주어야 한다. 그리고 완숙의 노년기인 겨울을 맞이하게 된다. 그렇지만 이는 씨앗이 다시 새로운 순환주기(巡還週期)를 맞이하는 준비의 과정이며 끝없이 이어지는 순환의 한 부분이다.

사람도 천년만년을 살고 싶어 하나, 자연의 섭리를 좇아 봄의 유년기를 거치고 여름의 청년기, 가을의 완숙기와 겨울의 노년기를 거쳐 죽음이라는 종말을 맞이하게 되는 변화의 과정 속에 존재한다.

"시작이 있으면 끝까지 도전하라." 그리고 포기하지 아니하면 불가능이란 없다. 포기하면 인생이 끝나는 것과 같다.

'시작이 반'이라는 말도 있다. 모든 것의 시작은 가장 중요하다. 시작하는 의지를 갖고 출발하였으면, 완성의 기쁨도 있지만 미완성의 실패도 있게 마련이다. 하지만 마무리를 잘 하여 다음 시작에 대비하는 지혜가 필요하다.

◇ 끝이 잘되면 만사가 잘된다.

— 세익스피어 —

◇ 만사에 끝이 제일이다.

— 속담 —

◇ 너무 많이 시작하면 끝나는 일이 없다.

— 속담 —

◇ 의지할 수 있는 것은 현실뿐이며, 그것은 모든 것의 출발점이다.

— 고루비 —

◆ 무시무종(無始無終):
　시작이 없으면 끝도 없다.
　출발이 없으면 완성의 기쁨(성과)도 없다.

◆ 시작이라는 원인이 있어 결과라는 끝이 있다.

◆ 해가 뜨는 아침이 있으면, 해가 지는 석양이 있다.

◆ 물이 들어오는 들물이 있으면, 물이 빠지는 썰물이 있다.

◆ 꽃이 피는 시작이 있으면 꽃이 지는 끝이 있다.

◆ 생명은 태어남이라는 시작과 죽음이라는 끝의 순환과정에 있다.

07

정신유산
(精神遺産)

땀을 흘리지 않고 얻는
유산은 사람을 게으르게 만든다.

- 노벨의 이야기 -

정신유산(精神遺産)

　사람은 육체와 혼이 합성된 인생으로 세상을 살아가고 있다. 그러나 육체는 유한(有限)하기 때문에 일정하게 사용하고 나면 자연의 섭리대로 한 줌의 흙으로 돌아가고, 유산으로 남아 있지 않지만 혼(정신)만은 후대로 이어지게 된다. 이렇게 육체는 다하고 나면 끝나지만 정신만은 영원한 혼(魂)의 아름다운 집을 짓고 유산으로 꽃피워 가는 것이다.

　그래서 옛사람은 "호랑이는 죽으면 가죽을 남기고, 사람은 죽으면 이름을 남긴다."하였다.(虎死遺皮 人死遺名)

　사람의 이름에는 정신유산을 간직한 생명력 있는 유산의 가치관을 갖고 있다. 그러나 보편화된 자녀에 대한 재산 상속은 지속성과 영원한 유산으로의 가치 존속이 보장되지 않는다.

　오늘날 인간의 위대한 정신 유산이 없다면, 인류사회의 많은 업적과 문명의 발달도 없으며, 동물과 다를 바가 없다 해도 지나치지 않다.

　시냇물이 모여 강을 이루고, 강물이 흘러 넓은 바다를 이르듯이, '정신유산'은 수천 년을 이어 찬란한 인류의 문화유산을 만들며, 영원히 생명력을 갖고 숨을 쉬고 있는 것이다. 그래서 "인생은 짧고 예술은 길다."고 하였다.

　거대한 부(富)의 대물림은 평등사회의 악이라 하여 세계 부호 '버핏'과 '빌 게이츠' 부부는 자신은 물론 미국의 억만장자들에게 재산의 절반을 사회의 자선단체에 기부하도록 독려하고 있다. 특히, '버핏'은 "재산의 99%를 자선단체에 기부키로 한 결정에 더할 나위 없이 행복하다."고 하였다.

　재산을 대물림하는 상속은 미국 억만장자 '존 도너번'이 아들에게서 청부살인을 당할 뻔했던 것처럼, 우리나라에서도 재벌들이 형제간에 싸움을 많이 발생시켰으며, 동서고금을 통하여 큰 범죄를 발생시키고 스스로 자멸을 초래하게 하는 사회악의 씨앗으로 작용한다.

　이처럼 정신유산은 많을수록 이롭지만, 땀 흘리지 않고 얻은 유산은 사람을 게으르게 만들며, 공(功)이 없는 재산 물림은 많을수록 독(毒)이 되어 해롭다. 그리고 『부의 대물림』의 저자 '제임스 휴즈'는 "1대가 재산을 형성하면, 2대는 그것을 유지만 하다가, 3대에 가서는 탕진한다."고 하였다.

정신유산은 재산물림처럼 자기자손에게만 유산으로 물려주는 것이 아니라 전 세계 인류에게 퍼져 인류의 발전에 크게 기여하는 것이다. 후대는 선대로부터의 받는 지식과 지혜를 비롯하여 유산된 정신세계의 모든 것에 의해서 계주경기처럼 이어받아 인류 문명의 역사에 유지발전을 거듭해 나가게 된다.

'링컨'은 미국의 남북전쟁을 승리로 지켜내고 '노예제도'를 폐지시켜 인류 모두에게 무형의 모범적인 민주주의와 승자 관용의 정신유산을 남겼으며, 해전사에 빛나는 임진왜란을 승리로 이끈 충무공 '이순신' 장군은 "적과의 싸움에서 죽음을 각오하면 반드시 산다."(必死則生, 必生則死)라는 임전무퇴(臨戰無退)의 결의의 유산을 남겼다.

이처럼 삶을 다하면서 생명의 후계자와 그리고 일생을 함께한 숭고한 정신유산을 남기며, 미련 없이 혼자 빈손으로 그렇게 조용히 떠나게 되는 것이 인간만이 갖는 영원히 사는 아름다운 정신유산이다. 정신유산을 통해 세상 사람들의 기억 속에 영원히 사는 것이다.

아름다운 정신유산으로는 인류가 가장 존경하는 지성인 '노벨'은 세계 인류에게 인재육성의 정신을 담은 '노벨상'을 선물하여 영원한 이름의 유산으로 세계에 큰 공헌을 하고 있다.

세계의 위인들이 아버지로부터 받는 정신유산을 확대 재생

산시켜 세계 인류에게 위대하게 되돌려주고 있음을 보게 된다.

세계적인 대문호 '톨스토이'는 아버지로부터 일기쓰기를 평생 실천하는 '습관'을 유산으로 받아 열정적인 삶의 철학을 완성한 대문호가 되어 인류에 많은 공헌을 하였다. 영국의 명재상 '윈스턴 처칠'은 '책 읽는 본보기'를 유산으로 받고, 수없이 많은 책을 읽어 지혜와 교훈을 얻어 2차 대전을 승리로 이끌었다.

◆ "땀 흘리지 않고 얻은 유산은 사람을 게으르게 만든다.

- 노벨 -

◆ 부(富)의 대물림은 평등사회의 악의 씨앗으로 자란다.

◆ 공(노력)이 없는 유산은 많을수록 사회의 독(毒)이 된다.

◆ 땀을 흘리지 않고 얻은 유산은 사람을 게으르게 한다.

◆ 인생은 짧고 예술은 길다.

◆ 육체는 살고 나면 끝나지만
혼(魂)은 아름다운 집을 짓고 영원한 정신유산으로 꽃피운다.

2

하늘과 땅의 의지보다 인화

◆ 천시(天時)의 의지가 아무리 강하다 하나 지리(地理)만 못하고, 지
  리가 아무리 의지가 강하다고 하나 인화(人和)만 못하다.

　(天時不如地理 地理不如人和)

－ 맹자 －

'맹자'는 전쟁에서 적을 공격할 때 좋은 날씨와 공격에 천시
(天時)인 최적의 시기와 때(時)를 얻어 공격함이 상책이라고 하
나, 전쟁터의 지리인 지형, 지물을 미리 파악해두지 아니함만
못하고, 또한 지리도 싸울 병사들을 화합으로 단결되어 있음
만 못하다고 하여 인화(人和)의 중요성을 강조하고 있다.

세계 제2차 대전에서 일본군의 하와이 진주만 공격을 천시
를 얻은 공격이었다고 하나 지리의 무지(無知)와 사람의 생명을
헌신짝처럼 버리는 '가미카제(神風)' 특공대 작전은 인화를 무시

한 데서 온 패한 전쟁이었다.

6·25전쟁에서 유엔군의 인천상륙작전 승리는 천시와 상륙하기에 좋은 지리와 유엔군의 단합된 참전으로 인화까지 갖춘 정의가 승리한 전쟁이었다.

그리고 해전 사에 가장 빛나는 임진왜란의 승리도 천시와 지리인 물살 센 울돌목과 충신 명장 이순신 장군과 그 병사들의 결집된 인화로 이룩한 대 승전이었다.

천시, 지리에 우선하는 인화란 사람과 사람의 마음이 하나가 되는 화합을 말하며 가정의 평화, 국가의 선정(善政)에도 맹자가 말하는 인화로 계층 간의 갈등을 없애고 통합의 정치로 국민과 소통되는 협치(協治)의 정치와 화합(和合)의 정치, 어질고 덕이 있는 바른 정치(德治)로서만 가능하다고 일깨워준다.

이승만 초대 대한민국 대통령은 온 백성이 광복의 기쁨과 나라의 자주독립을 갈망하는 하늘의 천시(天時)를 얻어, 38선 이남을 관리할 국토를 기반으로 하는 땅의 지리(地理)를 잡고 영광된 대한민국을 세워 나갔으나, 완성치 못한 두 동강이 된 국토에 북한이 6·25남침으로 엄청난 동족상쟁의 전화를 가져왔으며, 반쪽인 지리에서도 "뭉치면 살고 흩어지면 죽는다."고 외쳤으나, 통치 말기에 4·19 부정선거를 유발시키면서 가장 소중한 사람의 화합인 인화(人和)의 꽃은 피우지 못하여, 나라 세운 공은 무너지고 불명예 하야를 하였다.

국가재건의 기초를 닦은 박정희 대통령은 6·25전화의 잿더미에서 땅에 떨어진 민생고(民生苦)를 해결해야 할 절호의 시운(時運)인 천시(天時)를 얻고, 무인정신의 강력한 힘으로 국가의 기강을 세우며 국정을 펼쳐 나갔으며, 강력한 국토건설과 치산치수(治山治水)로 대대적인 국토 녹화사업과 국가 기간산업의 토대를 세우고, 대대로 내려오는 가난을 극복하기 위해 농촌 새마을 운동을 전개하는 지리(地理)의 의지와 힘을 잡고 오늘의 부국의 기반을 다져 나갔으나, 장기 집권과 유신이라는 악재로 인화(人和)를 얻는 데 실패하여 끝내 비명에 세상을 떠나는 비운을 맞이하였다.

민주화 기수인 김영삼, 김대중 두 대통령은 온 국민의 민주화를 갈망하는 천시를 얻으며 선진 민주화의 기운을 펼쳐 나갔으며, 지리인 동서(東西) 지역감정의 벽의 한계를 극복하는 데 노력하면서, 김영삼 대통령은 일제 잔재 청산에서, 김대중 대통령은 북한과의 햇볕정책에서 기치를 올렸다. 하지만 분단된 나라의 남북통일을 얻는 데 한 발자국도 전진하지 못하였다.

천시를 얻고 지리를 잡고 인화까지 갖춘 대표적인 위인들

미국의 초대 대통령 '조지 워싱턴'은 온 국민이 독립을 갈망하는 천시를 얻고 독립성을 가진 신대륙의 지리를 잡고, 온 국민의 단합과 결집된 인화의 힘을 바탕으로 영국으로부터의 독립을 쟁취한 국부로 추앙받는 데 성공한 대통령이다.

가장 존경받는 링컨 대통령은 노예 해방을 갈망하는 시운인 천시를 얻고, 지리적인 남북통합을 해야 하는 지리의 의지를 잡으며, 인종차별을 화합과 통합의 인화로 성취하여 남북전쟁을 승리로 이끈 존경받는 대통령이다.

전쟁 영웅 처칠 수상은 유엔군을 이끌고 세계 2차 대전을 이겨야 하는 시운인 천시를 얻고, 서구 일원의 지리와 인화로 단합된 연합군의 힘과 용기를 가지고 전쟁을 승리로 이끈 전쟁영웅이다.

이와 같이 아무리 하늘의 뜻이 높고 땅의 의지가 크다고 한들 사람이 존재하는 데서 출발하는 것임을 알아야 한다. 역설적으로 사람이 있어야 하늘이 있고 땅이 있다.

얻은 천시를 놓쳐서는 안 되고 잡힌 지리를 무시해도 안 되며 그리고 인화를 찾는 데 최선을 다해야 한다. 하늘의 천시(天時)가 천심(天心)이고, 땅의 지리(地理)가 지심(地心)인 것이며, 사람의 인화(人和)가 인심(人心)에서 오는 것이다. 그래서 민심(民心)

은 곧 천심(天心)이고 지심(地心)이다. 민심이 노하면 천심, 지심이 흔들린다.

3·1 만세 운동은 천지인(天地人)이 하나가 된 성공적인 거사

역사에 길이 빛난 1919년 3월 1일 기미독립만세 운동을 3월 1일로 정한 것은 고종황제(高宗皇帝)의 국장(國葬)에 각지의 많은 인파가 서울로 운집하는 때를 잡은 천시(天時)를 택하였고, 지리(地理)인 거사 장소는 다수의 인파가 결집하는 유서 깊은 곳인 탑골공원을 정하였으며, 기독교인 16명, 천도교인 15명, 불교인 2명으로 하는 33인이 서명으로 3교단이 하나가 된 인화(人和)로 화합된 성공적인 거사였다. (만해 한용운 그 생애와 정신)

난세 극복에 하늘의 의지

한국은 하늘이 주는 봄, 여름, 가을, 겨울이 뚜렷한 살기 좋은 사계절인 천기(天氣)를 가지고 있는 복 받은 나라임에 틀림없다. 그러나 이러한 살기 좋은 금수강산은 대륙의 나라 중국, 소련과 해양국인 일본을 비롯한 열강의 틈새에 있어 지리(地理)적인 취약점을 가지고 있어, 이로 인해 국토가 두 동강나 있다.

한국인의 두뇌는 세계 고교 실력 경시 검증에서 1위를 차지할 만큼 매우 뛰어난 것으로 입증되고 있으나, 아직도 당당한 선진국으로의 진입 과제와 세계적인 위인 배출(노벨상 수상 등)이 저조한 것은 한국인이 가지고 있는 고질적인 인화(人和)의 취약점에서 오는 것이기도 하다.

앞으로 이러한 지정학적 어려움을 극복하고, 세계에서 오로지 한반도뿐인 분단의 고통을 극복하고 통일된 선진국 건설을 만들어 가기 위해서는 절대적으로 인화(人和)를 발전시켜 나가는 의식개혁 운동에 총력을 기울여 안정되고, 희망 있는 민족, 번영된 국가로 발돋움해 나가야 한다.

미국의 투자은행인 '골드만삭스'에서도 장차 남북이 통일 된다면 세계 제2의 경제 대국이 될 것이라 예언한 바 있다.

안중근 의사도 우리나라의 인화(人和)를 특히 당부하고 있다. "우리 동포들아 각각 '불화(不和)' 두 글자를 깨뜨리고 '결합(結合)' 두 글자를 굳게 지켜 국권을 회복하자"고 하였다.(1908. 3. 21 안중근 의사 해조신문 기고문)

사람(영웅)은 하늘이 주는 때(天時)를 잡고 소임을 펼쳐나간다고 하였으나, 바꿔 말하면 하늘의 뜻(天心)이 그 목적을 감당할 수 있는 사람을 만들어 세상에 내보내는 것으로 판단할 수 있으며, 하늘과 백성의 뜻에 순응(應天順人)함임을 의미한다.

그래서 '맹자'는 일찍이 "하늘의 대임(大任)을 맡기기 위하여 먼저 대난(大難)을 안긴다."고 하였는데, 민심(民心)은 천심(天心)이라 하여 하늘은 민심의 소리를 직시하고 응답하는 것이다. 즉, 하늘은 세상이 어지러울 때면 세상의 평정을 위하여 자손만대에 그 발자취를 남길 영웅들(이순신 장군. 안중근 의사 등)을 세상에 내보내는 것이다.

세계의 평화와 인류의 정의 편에서 싸워 이길 사람, 잃은 나라를 찾는 데 온 정열을 쏟을 사람, 어려운 나라의 처지를 일으켜 세울 사람 등 난세는 영웅을 내놓는다고 하였다.

"천심(天心)은 인심(人心)이 있는 곳에 축복을 내린다."고 하였다. 왜냐하면 사람의 마음인 인심(人心) 즉, 화합의 의지로 통일을 찾지 아니하는 국민에게는, 다시 말해 통일을 얻고자 하는 화합의 의지가 없는 국민에게 통일의 축복을 내려주지 않을 것이기 때문이다.

하늘의 천심(天心)은 미 대륙의 독립을 쟁취하기 위하여 '책임을 완수하는 자, 끝까지 노력하는 자, 성공할 수 있다.'는 큰 뜻을 가진 '조지 워싱턴'으로 하여금 영국으로부터 오늘의 미국을 독립국가로 만들어 내었다.

미국의 흑인 노예 해방을 위하고 남북전쟁을 승리로 이끌게 하는 데는 '정의는 가장 위대한 힘'이라고 하는 정의의 사도 링컨을 내보냈다.

세계의 평화를 위하여 "제가 바칠 수 있는 것은 피와 눈물과 땀을 바쳐 결코 실패하지 않겠다."는 강철 같은 의지의 소유자 '처칠'을 내보내어 2차 세계대전을 정의의 승리로 이루게 하였다.

나라가 망국(亡國)의 낭떠러지 처지에 몰려 있을 때, 나라 잃은 조국을 찾겠다는 일념(一念)뿐인 '안중근'을 내보내어 '이토'

를 저격하는 거사를 통해 동양 침략 야욕의 기(氣)를 꺾어 한 민족이 아직 죽지 않았음을 세계만방에 알리는 신호탄이 되어 세상을 놀라게 하였고, 독립운동의 기폭제가 되게 하였다. 또한 '김구'를 내보내어 임시정부를 지키며 독립운동에 열정을 쏟게 하였다.

민족 가난의 질곡과 6·25 전쟁의 폐허를 이겨내고 조국근대화를 이루도록 하기 위하여 "하면 된다.", "잘 살아보세" 하는 '새마을운동'을 전개한 굳은 신념을 가진 '박정희'를 택하였고, 이 토대 위에 민주화를 점화시키는 일에 '김영삼'과 '김대중'을 내보냈다.

◆ 하늘은 대임(大任)을 맡기기 위해(영웅에게)
   먼저 대난(大難)을 안긴다고 하였다.

◆ 하늘은 세상이 어지러울 때면 세상의
   평정을 위하여 영웅들을 세상에 내보낸다고 한다.

◆ 세계 평화의 사도가 될 사람과 잃은 나라를 구할 사람,
   어려운 나라를 재건할 사람 등
   이런 난세(亂世) 극복에 영웅을 내놓는다.

◆ 천심(天心)은 인심(人心)이 있는 곳에 축복을 내린다.

4

국민 고유(固有)의 유전자(DNA) 개발

원래 한민족은 끈질긴 생존본능, 승부사의 기질이 강한 집단의지와 개척자 정신 등이 함축된 2,500년간 유라시아 대륙을 호령했던 기마민족의 DNA를 가지고 있었다.

○ '빨리빨리' 유전자

'빨리빨리'는 한국인의 장기(長技)로 등장한다. '빨리빨리'는 긍정적인 힘과 부정적인 측면이 존재한다.

"밥을 빨리 먹는 나라가 경제성장이 빠르다."고 뉴욕타임스(2009년 9월)가 한국 등 17개국을 비교, 분석한 결과를 보도한 바 있다.

'빨리빨리'는 치킨점에서 손님들에게 최대한 신속하게 닭을 튀겨주는 한국 특유의 '빨리빨리' 모델을 개발하게 하였고, IT 산업을 세계 1위로 그리고 최고의 인터넷 환경을 만들었다.

LED TV 개발에서 '삼성전자'는 일본의 '소니'가 머뭇거리는 사이에 세계 시장을 발 빠르게 선점하였고, 미국 의사가 4시간 걸리는 내과 수술을 2시간에 끝내는 한국 의사가 세계적으로 최고다.

"일을 빨리 해야 이긴다."는 말이 있다. 이는 치열한 경쟁 속에서 남보다 빨리 움직여야 살아남는다는 것, 모든 일을 속히 마무리 하겠다는 속성과 절대로 포기하지 않겠다는 자존심이 발휘된 것이다. 힘센 사람이 이기는 시대는 가고, 빠른 사람이 이기는 시대이며, 정보화가 힘이 되는 시대에 적합한 특성이다.

주한 영국 '스미스' 대사(2018.3 ~ 2022.1)는 "'빨리빨리' 문화에 대해서는 익히 들어왔는데 실제로 와서 보니 정말 모든 게 빠르게 돌아가고 변화하고 있다. 도전의 기회가 왔을 때 그걸 붙잡고 무언가를 해내는 것이 한국인의 핵심적인 성향인 것 같다."고 하였다.

ㅇ 신바람과 위기극복 유전자

시키는 일은 잘 안 하는데 스스로 하는 유전자, 임진왜란 때 몸을 던지는 의병활동, 전국적으로 번져나간 3·1운동의 열기와 태안반도의 유출 기름 닦기 운동, 그리고 전 세계에 불어

닥친 미국발 경제위기를 극복하는 데 한국의 IMF위기 '금모으기운동' 등 고유의 품앗이 이웃돕기 운동 사례가 보여준 한국인의 응집력이야말로 위기를 극복할 수 있었던 원동력이다.

○ 정(情) 유전자

한국인의 유전자(DNA)에 정문화(情文化)를 뺄 수 없다. 정(情)자는 마음(忄=心)과푸름(靑)자의 합성어이다. 즉, 젊은 마음을 의미하며 서로의 감성이 왕성한 젊었을 때 마음을 주고받고 한 것이 나이를 먹어가면서 떼어놓을 수 없는 끈끈한 끈이 되어 살아가는 힘이 바로 정(情)이라는 것이다. 그래서 대한민국 사람은 다른 나라 사람보다 특히 '정'이 많은 민족이다.

어느 독일인 교수학자는 한국에서 대(代)를 이으면서 살아가는데 한국을 떠날 수 없는 것은 한국인의 '정' 때문이라는 것. 정 많은 한국에 친구가 많이 있어 떠날 수 없었다는 것이다. 이러한 '한국의 정'은 고국 독일에도 없고, 일본사람에게서도 발견할 수 없으며, 미국인에서도 얻기가 힘들다는 것이다. 그리고 한국에서 3대째 의료 선교활동을 하는 명문 선교사 집안 미국인 '인요한'이란 사람은 "난 한국 사람의 정문화(情文化)가 좋아요."라고 하며, 어렸을 때의 정 때문에 한국을 떠나지 못하고 있다고 한다.

사람 사는 세상에서 제일 중요한 것은 사람과 사람 사이를 정으로 묶어가면서 서로 더불어 사는 자기개발을 해 나가는 '한국의 정'을 고유(固有)의 유전자체로 삼아야 한다. 그리고 국가 간에도 한·미 간처럼 혈맹으로 맺은 끈질긴 우정이 있으며, 장차 50년 100년 서로 우리는 형제국이 될 것을 약속하며 우정으로 일궈낸 한국과 아랍에미리트와의 총 400억 달러 사상 최대 규모 원자력 발전소 건설 수주계약 성사로 세계를 놀라게 한 것은 정(情)의 위력을 말해주고 있다.

○ **국민성은 국가의 성쇠를 좌우한다**

사람이 아니 가던 길을 가기 시작하여 계속 다니면 다음은 완전한 길이 되는 것처럼, 사람의 습관도 계속되면 불변의 천성으로 토착화되어 국민성으로 발전하며, 국가 장래의 성쇠를 좌우한다. 훌륭한 습관은 훌륭한 인간을 만들고, 훌륭한 국민성은 번영된 국가를 만든다.

일본사람은 시키는 말을 잘 듣는다. 즉, 순종을 미덕으로 한다. 무사도(사무라이) 정신에서 온 것으로 보스에게 무조건 승복한다. 거슬러 올라가면 천황(天皇)이 없으면 일본(日本)도 없다는 천황에 절대 복종하는 순종의 뿌리이다. 그래서 종신 직장이나 대를 이은 가업을 성행시키고, 오랜 세습정치를 해 나간다.

중국 사람은 편법주의자라고 한다. 처음은 착실히 시행하다가 편법을 생각해낸다. 쉬운 방법을 찾는다는 것이다. 그래서 짝퉁을 양산하는 원인을 제공하는 습관으로 이전되기 쉽다. 그러나 이런 부정적인 면을 감지한 저우언라이(周恩來) 중국 총리도 이러한 편법주의를 가장 싫어했다고 한다. 경제와 전쟁에서 남을 이기기 위해 복심을 숨기는 중국 격언으로 양봉음위(陽奉陰僞)와 구밀복검(口密腹劍)이 있다.

한국 사람은 일을 '빨리빨리' 하자니 처음부터 대충대충 적당히 해치우는 습관은 모든 일에 불량을 발생시켰다. 이는 6·25전쟁에서 살아남기 위한 몸부림의 산물이다.

이처럼 여러 나라가 부정적인 유전인자를 가지고 있으나 이를 어떻게 극복하느냐에 따라 긍정적으로 탈바꿈해 나갈 것이다.

○ 새마을 운동으로 유전자 개발

'빨리빨리'는 부정적인 면도 있으나 긍정적으로 말하여 새마을 운동과 무관하지 않다.

'박정희' 대통령에 의해 '잘살아 보세' 하는 새마을 운동이 시작되면서부터 산업근대화의 압축 성취의 긍정적인 힘을 만들어 내기도 하였다.

"새벽종이 울렸네 새아침이 밝았네

너도 나도 일어~나 새마을을 가꾸~세

살기 좋은 내마을 우리 힘으로 만드세"

– 박정희 대통령 –

70년대의 새마을 운동으로 산업화, 근대화, 민주화의 압축 성장을 이루어낸 것이다.

경부고속도로 건설은 10년 이상 걸리는 공사를 2년 반에 건설하였고, 다른 나라가 산업근대화 및 민주화에 100년 이상이 걸리는데 한국은 30년 만에 달성하였다.

◇ "일찍 일어나는 새가 벌레를 잡는다."

– W. 캠든 –

위의 말처럼 남보다 빨리 시작하는 '아침형 인간'으로 새벽 일찍 일어나 시작하는 새마을운동의 결실이 우리나라를 발전시킨 원동력이라 할 수 있다.

즉, 새마을운동으로 외세에게 오래 주권을 잃은 나라에서 시달려 온 당당함이 없는 의타적이고 소극적이고 주인의식 없는 게으름과 형벌처럼 이어진 가난과 6·25전란의 고통과 굶주림으로 힘없는 국민에게 그리고 초라하게만 보이는 흰옷, 초가집, 초신, 엽전 살림만이 전부라는 것을 모두 날려버리고 "우리는 할 수 있다.", "하면 된다."는 자긍심으로 세계로 뻗어나가는 당당하고 자신감 넘치는 국민성으로 탈바꿈해 놓았다.

한국인의 망국병(亡國病)과 치유에는

○ 분열인자(分列因子)

1910년 일본에게 나라를 뺏긴 원인도 오랜 사색당파 싸움으로 인한 분열과 일본에 내통하며 동족끼리 분열하였으며, 당시 미국 대통령도 한국인은 서로 분열로 자립할 의지와 능력이 없는 민족이라고 판단하여, 일본에 병합 위탁통치를 잠정 묵인하게 되었고, 애국지사들 간에도 망국병인 사상분열로 독립운동에도 어려움이 있었다.

6·25 남침 때 중공군에 의한 나라 존망 위기에도 개헌 파동으로 인한 분열로 적(敵) 앞에서도 내분으로 정국불안을 가져왔으며,

46명의 고귀한 생명이 희생된 동족에 비수(匕首)를 대는 천인공노할 천안함 피격에도 북한의 소행을 믿지 않는 분열을, 대북 결의안으로 G8공동 성명과 유엔안보리 의장 성명이 나올

때까지도 우리 국회가 분열하여 성명서 하나 없이 존망이 걸린 안보 문제에까지 당파적 입장으로 분열을 노출시켜 세계를 의아하게 하였다.

망국병(亡國病) 치유에는

오늘의 영광된 대한민국을 세운 지도자와 빈곤을 몰아내고 번영된 나라를 만든 지도자 덕(德)에 살고 있다는 존재가치를 살려내고, 대덕(大德) 앞에 허물을 용서하는 관용의 미덕으로 분열을 이겨내며, 국익(國益)을 위해서는 단합으로 하나가 되는 성숙된 선진 의회주의를 교훈삼고 "분열을 청산하며 국권을 회복하자."는 안중근 의사의 호소를 깊이 새겨 분열이란 망국병을 치유해 나가야 할 것이다.

◆ 훌륭한 습관은 훌륭한 인간을 만들고,
   훌륭한 국민성(유전자)은 번영된 국가를 만든다.

◆ 빨리빨리 유전자 :
   힘센 사람이 이기는 시대는 가고,
   빠른 사람이 이기는 시대가 되었다.

◆ 위기극복 유전자 :
   위기극복에 신바람을 일으키며 스스로 하는 유전자

◆ 한국 고유의 유전자체(정 문화 유전자) :
   사람 사는 세상에 더불어 사는 유전자

선진화로 가는 길목에서

대한민국 국민에게 드리는 제언(提言)

선진국은 국민과 나라가 안전하게 잘 사는 나라이지만 그에 앞서 의식의 선진화가 먼저 이루어져야 한다. 즉, 법과 질서가 살아 있어야 밝은 미래와 발전이 가능하기 때문이다.

우선 의식의 선진화에는 사회구성원 각자에게 자유보다는 책임, 권리 주장보다 의무 이행, 나보다는 남에 대한 배려, 예의 품격을 생활화할 수 있느냐에 있으며, 무엇보다도 사회 질서를 지키는 국가의 기강이 서 있어야 한다.

선진국으로 가는 길목에서는 교육, 문화, 정치, 농업, 노사, 사회계층 간 갈등 문제 등 모든 사회전반 분야에서 균형된 선진화가 이루어져야 한다.

정부의 국정지표가 달성되고, 국민소득 3만 달러, 경제력 상위권 진입 등이 이루어졌다고 하여 선진국이 되었다하기 어렵다.

대한민국의 근대화의 기초라 할 수 있는 가난을 스스로 극복한 동력인 새마을운동은 농촌운동에 그 뿌리를 두고 있다. 새마을운동 또한 '근면', '자조', '협동' 정신을 근본으로 한 잘 살기 의식개혁운동이다. "스스로 돕는 자를 돕는다."는 의식 개혁운동이 새마을운동의 성공비결이었으며, 이를 통해 근대화를 이룩한 모범 중진국이 되었다면, 이번에는 선진국이 되기 위한 제 2의 새마을의식개혁운동을 전개하여 한 단계 도약하는 선진 대한민국을 만들어가야 한다. 세계를 선도하고 세계인이 배우고 싶고, 살고 싶어하는 잘 사는 대한민국이 되어야 한다.

선진국에는 선진 정신이 있다. 미국에는 개척정신(청교도), 영국에는 신사도 정신, 일본에는 사무라이(무사도)정신, 독일에는 탱크정신, 프랑스에는 멋쟁이 정신.

어느 고위 정책 담당자는 KBS 일요 아침 대담방송에서 대한민국의 국민이 법(法)만 잘 지켜도 경제성장 1%가 올라간다고 하였다. 물질 선진화, 경제 선진화도 중요하지만 정신 선진화와 균형이 뒷받침되어야 하는 것이다.

대한민국은 새마을운동으로 근대화를 이룩하면서 동시에 민주화를 얻었고, 이제는 한 단계 업그레이드 할 선진화(先進化)의 길을 가야 할 시점이다.

어느 유명 대학교수가 일본 체류기에서 일본에는 부패기사가 적다는 것이다. 그래서 일본 TV뉴스 보기는 한가하고 싱겁다는 것이다. 그러나 대한민국에는 대통령했던 사람과 친인척의 얼룩진 비리, 횡령, 독식 사건 등으로 TV뉴스가 꽉 차 있다. 집단 이기주의로 인한 준법정신의 실종으로 온갖 사회의 불륜 범죄 및 불량 식품 수입 행위, 세계 1위 교통사고 등이 불명예스럽다. 그리고 국민기초생활 경범죄도 일본의 44배가 된다고 한다(2009. 국감자료).

교육의 선진화에 있어서도 1인의 영재가 99인을 먹여 살린다는 식의 무한 경쟁지향 교육에서 벗어나야 한다. 자녀를 가진 온 국민이 1인의 영재를 양성하고자 달려드는 형국은 오히려 국민을 피폐하게 하며, 자녀의 정신을 오직 1등이 아니면 안 된다는 강박관념에 시달리게 한다. 이러한 문화가 자살률 세계 1위라는 불명예를 낳고 있다. 그리고 사교육비를 줄이고 공교육을 활성화하는 선진교육을 통해 '기러기'아빠를 없애는 방법 등을 개발해야 한다.

그리고 정치선진화가 솔선되어야 한다. 정치인들은 먼저 국익(國益) 앞에서는 정쟁을 중단해야 하며, 옳은 주장에는 정당과 지역 이기주의 등 모든 것을 양보하는 선진 정치를 해나가야 한다(최근 미국의 정치 전문지 '포린 폴리시'는 세계에서 가장 질서 없는 한국의 의회를 지적하고 있다.).

　문화의 선진화에서는 한류를 세계 보편적인 문화가 될 수
있도록 승화시켜 나가는 문화개발로 균형된 선진화가 이루어
져야 한다. 그리고 앞으로 우리사회도 성숙한 선진국이 되려
면 겉만 요란한 허례허식과 낭비풍조를 없애고, 경조사를 비
롯한 모든 국민생활에서 삶의 바른 의미를 살리는 새로운 내
실의 문화를 만들어가는 생활의 선진화가 중요하다. 해수욕
장, 유원지, 고속도로변 등에 쓰레기 투기 안 하기 등 깨끗한
환경조성과 줄서기 질서 등 공중도덕을 지키는 것 등등 성숙
된 시민생활과 정신의식 개혁이 시급하다.

　그리고 농어업과 농어촌 문제에 있어서는 역사적으로 대다
수 선진국들이 농어업을 존중하고 보호해왔듯이, 선진국으로
진입하려면 도시와 농촌이 공생하는 체계를 잘 만들어야 한
다. 노벨 경제학상을 받은 '쿠즈네츠' 교수도 "농업 농촌의 발
전 없이는 선진국이 불가능하다."고 하였다. 오늘날 강대 선
진국들의 공통점이 있다면 농업선진국이라는 것을 잊어서는
안 된다.

　정부가 이러한 시대적 흐름에 부응하면서 선진 국가를 향
한 희망찬 미래를 힘차게 열어가길 기원하는 것은 모든 국민
의 염원이자 열망이다.

의식의 개혁으로 선진화의 길

　의식의 개혁은 강요된 운동으로 추진될 수는 없다. 자각된 개인들이 스스로 좋아서 하지 않으면 그것이 이루어질 수 없다. 물론 강요에 의해서 일시적으로 의식은 변화할 수 있다. 심리학자 '스키너'는 이러한 경우를 강요된 상태가 지속될 때만 지속되는 것이며, 영구적인 변화는 아니다 라고 하였다. 좋아하면 열심히 하게 되고, 열심히 하게 되면 잘하게 된다고 한다.

　의식개혁운동은 '자각된 의식'과 도덕 회복운동으로 국민 한 사람 한 사람이 겸손하게 자신의 삶의 자세를 반성하고 고쳐 나가는 노력이 확산되어야 한다. 그러기 위해서는 먼저 지도 계층과 지식, 지성인이 앞장서야 한다. 상류, 중산층부터 솔선해 나갈 때 탄력을 받을 것이며, 그렇지 않을 경우 바른 사회문화가 형성되기는 요원하다.

　그러므로 부끄럽지 않고 후회하지 않을 삶을 위하여, 그리고 후손들이 좀 더 밝고 좋은 환경에서 살아갈 수 있도록 하는데 일조를 해야 하는 것이 바로 참된 유산이라 할 것이다.

　「일본도 일찍이 '퇴계 이황'의 도덕 숭배(敬) 실천 사상을 받아들여 '남을 배려'하는 의식개혁으로 국민성을 선진화하였다.

　우리나라도 의식개혁과 도덕회복 운동 및 교육을 통하여 국제화, 세계화 시대에 걸맞는 국민성을 갖추도록 하여야 할 것이다.」

'사람은 무엇으로 사는가? 우리는 서로 다른 사람을 배려하며, 돕고 살겠다는 마음자세로 살아야 하는 것'이라고 톨스토이는 말하고 있다.

선진 국가를 만들기 위해서는 우선 선진 국민이 되어야 하며 그리고, 1등 국가를 건설하기 위해서는 1등 국민이 있어야 한다. 그러기 위해 맑은 마음(淸心)으로 채우는 의식개혁(意識改革) 운동으로 승화되어야 한다.

"더 높은 산에 오르려면 더 큰 고통을 감수하라. 높은 산에 오를수록 받는 바람은 거세다."고 한다.

◆ 의식의 선진화에는 자유보다 책임을,
   권리주장보다는 의무이행을, 나보다는 남에 대한 배려를,
   예의의 생활화와 사회질서를 지키는 국가의 기강이 서 있어야.

◆ 선진국으로 가는 길목에서 사회 계층 간 갈등 문제 해소,
   사회 전반의 균형된 선진화가 필요하다.

◆ 문화의 선진화에서는 요란한 허례허식과
   낭비풍조 없애기, 새로운 내실화 문화 창조와
   성숙된 시민생활 내실화

◆ 새마을 운동의 정신을 발전시켜 선진 의식 개혁 운동으로

◆ 높은 산에 오를수록 받는 바람은 거세다.

08

자연에 순응하며 살아가기

하늘(자연)에 순응하는 사람은 살고
하늘에 거역하는 사람은 망한다.
(順天子는 存하고 逆天子는 亡한다.)

- 공자의 말 -

자연에 순응하며 살아가기

인간은 대자연의 일원임을 감지하고 자연의 섭리에 순응(順應)하면서 살아가야 하며, 거역하거나 초연할 수는 없다. 그리고 순응하는 가운데 발전이 있다.

봄은 싹을 돋게 하고, 꽃을 피우는 등 봄이 할 바를 다하고 나면 그 자리를 여름에 양보한다. 여름도 잎이 성숙하여 뜨거운 태양으로 열을 받아들여 열매를 만들어 낸 다음 가을에 그 자리를 넘겨주면, 가을도 열매를 탐스럽게 익히고는 겨울에 그 지위를 양보하게 된다.

사람도 자연의 순리를 거역할 수 없듯이 계절과 함께 살아가야 하며, 계절이 바뀌면서 항상 새것으로 탈바꿈한다. 봄에 입었던 옷을 여름에 벗고 가을, 겨울에 바꿔 입고 살아야 하는 것처럼, 계절 따라 변해가는 의식주(衣食住)에 의존하며 살아간다.

그리고 인간의 사고(思考)도 계절 따라 봄, 여름, 가을, 겨울 또다시 봄으로 돌아가고, 그렇게 한 해 두 해 계속하여 돌아가며 연륜이 쌓여간다.

봄의 유년기, 여름의 청년기, 가을의 장년기, 겨울의 노년기를 거치면서 자연의 섭리에 순응하여 살아가야 하며, 항상 인간은 뒤에 오는 사람에게 바톤을 넘겨주는 '계주경기'처럼 살아가야 한다.

후배를 잘 키워 바톤을 잘 넘겨야 훌륭하고 위대한 선배로 빛을 보게 되는 것. 석가나 예수, 그리고 공자도 훌륭한 후배에 의해서 오늘의 불교와 기독교, 유교의 논어가 있는 것이며, 사람도 자식농사가 제일이라고 하는 것처럼 인생 후배인 자식을 잘 키운 집안은 훌륭한 가문의 전통을 계승 발전시켜 나갈 수 있는 것이다.

○ 옛 사람들이 우주간의 다섯 가지 원기(元氣)를 금목수화토(金木水火土)라고 하였는데, 이 오행은 서로가 힘에 의하여 없어지기도 하고 생성되기도 하는 순환을 만든다고 하였다. 가장 강하다는 쇠(金)는 불(火) 앞에서는 녹아버리고, 승자의 화(火)는 수(水) 앞에서 승자의 자리를 내주고 만다. 물은 다시 땅의 기운인 토(土)에 빨려 들어가 이용되고, 흙은 다시 나무(木)에게 머

리 숙이고, 나무는 다시 쇠(金)에 찍히고 만다. (목생화, 화생토, 토생금, 금생수, 수생목은 상생의 관계)

이처럼 과연 어느 기운이 이 우주(宇宙)의 진정한 승자인가? 일찍이 이것을 '손자(孫子)'는 병법에 응용하여 영원한 승리는 없다는 오행무상승(五行無常勝)이라고 하였다. 그래서 '스티븐 호킹' 박사는 우주론에서 "우주의 세계는 팽창과 수축이 적절히 배합되어 있으며, 만물(萬物)이 적절한 배합의 조화(調和) 속에 있는 것이다."고 하였다.

○ 물 흐름의 순환(循環)

시냇물이 흘러 강을 이루고, 강물은 마침내 바다에 이른다. 이때 시냇물은 사라지는 것이 아니다. 또한 강의 물도 사라지는 것이 아니고, 바닷물이 되는 것이다. 아무리 시냇물이 자기임을 주장하고 아무리 강물이 자기임을 주장해도 결국엔 바닷물이 되는 것이 순리이다. 그리고 그 바닷물은 수증기가 되어 비구름을 만들고 다시 시냇물이 되고, 강물이 된다. 이러한 순환이 바로 자연의 순리이다. 다시 말해 시냇물이 강물로, 강물은 다시 바다로 또한 바닷물은 수증기가 되어 하늘의 비로 바뀌면서 또다시 시냇물에 이르는 것. 이것이 바로 대자연의 순환의 법칙이다.

이처럼 "우주의 목적도 항상 돌고 돌아 새로운 출발이 되는 것이라면, 자연의 섭리도 항상 돌아가면서 새로운 출발점이 되는 것이다."

○ 윤회생사(輪廻生死)

사람의 생(生)도 사이클인 생로병사(生老病死) 즉, 나면 늙고 늙으면 병들고 그리고 죽음이 오는 것이다. 또한 사람은 차례차례로 나고 돌다 순서 없이 죽었다가 다시 태어나고 다시 태어났다가 죽는 것. 아이가 어른 되고 자식을 낳으면 아버지가 되고 할아버지, 증조 등으로 올라가며, 새로 태어나는 사람은 오랜 조상대대로부터 물려받은 육신의 유전체인 것이다.

그러나 살고 있는 사람의 의식 개체는 별개의 것으로 인식되면서 살아간다. 하지만 나라는 정신체는 나만의 것이 아니다.

자기라는 존재는 오랜 시간을 걸쳐 "격세유전(隔世遺傳)"이 된 것이다.

즉, '나'라는 개체(個體)는 분명히 '부'와 '모'의 합성체(合成體)이지 어디 하늘이나 땅에서 솟아난 것이 아니다. '1+1=2'의 개념이다. 1과 2는 분명히 다르지만 오기는 1과 1에서 온 것이다. 나는 나만의 것이라고만 생각할 수 있지만 몸과 마음은 분명히 합성체이기 때문에 합성체로서의 독립체인 셈이다. 그래서 자기라는 것은 먼 오랜 조상(祖上)으로부터 이어진 것들이 모여 지금 살아가고 있는 것이다.

○ 인간체(人間體)의 과정

인간체(人間體)는 한 개의 큰 나무 덩치와 같다. 그 성목(成木)인 큰 덩치의 나무는 옛 조상을 포함한 전체(全體)를 형성(形成)하고 있으며, 각 개체들인 자손(子孫)들은 그 성목에 해당되는 본체(本體)의 구성원(構成員)인 열매들이다.

조상들에 비해 후손들은 각기 다른 개체로 발전된다. 그러나 부, 모, 자식들은 얼굴이나 걸음걸이나 목소리에 이르기까지 또한 같이 사는 생활습관과 심성(心性)까지도 닮은 데가 많다는 것을 느낄 수 있다.

아주 오랜 옛날 조상의 얼굴을 찾으려면(옛날은 사진이 없었음), 자손들 몇 백 명의 사진을 가지고 재현상하면 곧 할아버지의 사진을 만들 수가 있다. 그러므로 인간도 태어나고 죽고 없어지고 다시 새로 태어나고 하는 생사윤회(生死輪廻)의 범주 안에 있는 것이다.

◆ "하늘에 순응하는 사람은 살고 하늘에 거역하는 사람은 망한다."

(順天子는 在하고 逆天子는 亡한다.)

– 공자 –

◆ "공수신퇴천지도" (功遂身退天之道)

– 노자 –

◆ 자연의 섭리에 순응하며 살아야 봄에 싹을 틔우고
   꽃을 피우고 나면, 여름에 넘기며 여름이 열매를 내놓으면
   가을에 이양하고, 가을이 열매를 탐스럽게 익히고 나면
   그 지위를 저장할 겨울에 양보한다.

◆ 우주 만물은 적절한 배합의 조화 속에 있다.

◆ 인간도 봄의 유년기, 여름의 청년기, 가을의 장년기,
   겨울의 노년기를 거치면서 자연의 섭리에 순응하며
   생사윤회의 운명의 틀에서 살아간다.

2

나의 젊은 청춘이여

'청춘(젊음)은 힘든 시련을 이겨내게 하는 힘'을 가지고 있다.
"신(神)은 사랑하는 인간을 시련으로 단련시킨다."고 했다.

어느 날부터 나는 시련이야말로 인간이 가질 수 있는 가장
큰 축복이라고 생각하게 되었다. 왜냐하면 나를 강하게 만든
것은 시련의 힘이기 때문이다.

큰 시련을 이겨낸 힘은 높은 태산을 넘는다. 시련을 이겨냈
던 힘이 있어 큰 파도를 이겨낸다. 그러므로 '시련은 그대의
힘'이다.

「6·25 전쟁에서 파죽지세로 밀려오는 북한군과의 다부동
최후 보루에서의 전투, 밀리면 동해 바다까지인 진퇴양난의
위기를 젊은 32세의 첫 한국군 대장인 '백선엽' 장군은 "나를
따르라! 내가 후퇴하면 너희들이 나를 쏴라!"고 하면서 선두
에서 돌격하여 기적 같은 승리를 이끌었다.」

젊음은 퇴로 없는 막다른 골목길을 정면으로 돌파하는 힘이 있다. 그러므로 '젊음이고, 청춘이다.' 어려울 때 버티고 이겨 내는 젊음의 힘이 나를 지켜줄 것이라고 믿어야 한다.

"세계에 도전하라! 불안한 미래를 걱정하는 어리석음을 버리고, 희망찬 미래를 준비하는 현명함을 사랑하라!"

명예나, 돈이나, 권력이 진정으로 나를 행복하게 하는 것은 아니다. 행복은 과연 어디에서 오는 것이고, 어떨 때 행복한가? 힘들고 고단한 삶에서도 행복은 있다.

"힘들거든 자기보다 못한 사람들을 내려다보고, 잘나간다 싶거든 자기보다 높은 사람을 올려다보라!"고 한다. 힘들다고 좌절하지 말고, 잘나간다고 교만하지 말라는 의미이다.

오기로 꽉 찬 젊은 청춘이 좌절을 극복하지 못할 이유가 없다. 성공했다고 안주하지 말고 실패했다고 좌절하지 말아야 한다.

「나(저자)의 인생도 세상에 태어나 굽이굽이 흐르는 강물처럼 고개 넘어 88세를 넘기는 세월동안 흘러와 오늘에 이르렀고, 부처님을 만나기 위한 수도승처럼 먼 수행길 같은 강물의 여정, 숱한 역경의 질곡을 삼켜내며 오직 바다만을 향해 쉼 없이 흘러온 고행의 길 같은데, 높은 영광의 자리도 탐내지 않았고,

남에 앞서기도 서둘지 않으며, 조금도 악에 야합하거나 순리에 역행함도 없이 오로지 낮은 곳으로 향해 굽이굽이 흘러온 자연의 섭리와 순리에 순응하는 겸손한 인고의 강물!

어찌 나의 인생과 무관하랴 하고 이 세상에 태어나서 지금까지 살아온 길을 되돌아본다.」

숱한 사연들을 안고 먼 길을 흘러온 강물은 바다에 이르면 흐름을 멈추게 된다. 모든 열정을 바다에 바치고 나면 넓은 바다는 마다 않고 한없이 조용히 포용한다. 그리고 강물은 바다 속에 강물의 존재를 묻고 새로운 시작의 원점인 윤회의 순리를 밟게 된다.

흐르는 강물이 바다에 머물면서 구름과 비를 만드는 억겁의 시간 동안에도 썩지 않는 것은, 민물인 강물이 바다로 들어서서는 짜디짠 바닷물과 염장융화(鹽藏融和, 소금에 절여져 썩지 않게)되어 새로운 창조의 삶을 살게 되는 것처럼, 젊은 나의 인생도 유한의 이승에서 희노애락(喜怒愛樂)으로 굽이굽이 인고의 삶을 살다가 모든 것을 다 내려놓고 죽으면 땅으로 돌아가 흙으로 천년만년 살다가 윤회의 순리에 놓이게 되는 것이 대 자연의 섭리인 것을 어찌 하랴!

◆ 시련이야말로 인간이 가질 수 있는 가장 큰 축복이다.

◆ 나를 강하게 만든 것은 시련의 힘이다.

◆ 불안한 미래를 걱정하는 어리석음을 버려라.

◆ 젊음은 퇴로 없는 막다른 골목길을
  정면으로 돌파하는 힘을 가지고 있다.

마지막 남은 인생 살기

◆ "늙어서도 사람답게 살아야 한다."

현재에 안주하지 말고 살아 있는 한 은퇴는 없다 하고 꿈을 가지고 있어야 한다. 삶이 남아 있는 한 최선을 다하여 부족한 곳에는 땀과 쓰다 남은 지혜로 채워나가야 한다.

죽음의 문턱에 서 있는 늙어가는 노인일수록 사람답게 살기를 포기해서는 안 된다. "어떻게 살 것인가?"는 "어떻게 죽을 것인가?"에 못지않다. 현명한 삶 뒤에 현명한 죽음도 있다. '괴테'는 여든 둘에 명작 '파우스트'의 마지막 문장을 쓰면서 "생(生)이 닳아 없어질 때까지 써보고 죽자!"고 하면서 현명함을 잃지 않았다.

모래와 자갈이 떠밀려 내려오다 물살이 느려지는 강하구에 닿으면 쌓이기 시작하여 퇴적물(堆積物)이 되는 것처럼 사람도 이와 같이 늙으면 퇴적물 신세가 된다.

그러나 찰기가 없는 모래 퇴적물도 유용한 건축자원으로 변하듯 늙은이도 세상에서 쓸모가 없는 퇴적물처럼 보이지만 노인은 삶의 끝머리에 붙어 있는 존재만은 아니고 경험과 지혜의 보고(寶庫)이다. 늙어가는 것은 벼가 익는 것과 같다.

노년의 시간을 허송세월 한다면 자신을 내버리는 것과 같다. 육상 선수는 결승선에 가까워지면 으레 쓰다 남은 마지막 기운을 죽을힘을 다하여 몽땅 쏟아낸다.

인생을 시작하는 것, 열심히 노력하는 것도 중요하지만 마지막 끝나가는 인생도 중요하다. 그러므로 노인에게 마지막 남아있는 지혜를 천금이라 생각해 존중하자.

○ 지혜는 녹슬지 않는다

옛날 늙은 아버지와 아들이 초신을 만들어 생활하고 있었다. 초신을 만들어 시장에 팔러 나가면 항상 아버지의 초신이 아들이 만든 초신보다 값을 더 쳐 주었다. 하루는 이를 이상하게 여긴 아들이 아버지에게 물어봤다. "아버지의 초신이 제 것보다 값을 많이 쳐 주는 것이 이상합니다. 무슨 이유 때문입니까?" 하니까아버지가 "꺼럭, 꺼럭"하고 답을 주었다. (초신에 붙어있는 다듬지 못한 짚을 꺼럭이라 함) 아들이 가만히 살펴보니 아버지의 초신은 꺼럭을 깨끗이 다듬어 소비자들의 마음에 들도록 하고 있었던 것을 깨닫고 아버지의 지혜가 아직도 녹슬지 않았음을 알게 되었다.

요즘 세상에 일흔(70세)은 노인에도 들기 어렵다. 일흔 나이를 넘어도 활기차고 치열하게 살아갈 수가 있으며, "진짜 노인은 아흔(90세)에 시작된다."고 프랑스 70대 언론인 '콜레트 메자주'가 '노년예찬'에서 말했다.

"노년에는 스스로 싸우고 권리를 지켜라! 의지하려 하지 말고 마지막 숨을 거두기 전까지 자신을 통제하려 할 때만 존경받을 수 있다."

인생 나이 80이면 3만 일에 가까워지고, 70만 시간을 산 것이다.

원래 사람에게 주어진 건강 수명까지는 체력이 그 한계선을 느끼게 해준다. 늙어갈수록 늘어나는 것이 약봉지뿐이고 병원에 자주 가는 일이다. 밖에 나가기와 사람들 만나기가 싫어진다. 그리고 친구가 하나둘씩 떠나고 가족들도 뿔뿔이 흩어진다. 외로움이 점점 엄습해 오고, 독거노인으로 전락한다.

늙어갈수록 성격은 점점 완고해지고, 가족들 간이나 모든 일에 여러 번 확인을 하고, 했던 말을 재차 하며, 금방 들었던 말도 반복 확인하는 등 가족들에게도 가장(家長)의 권위가 서지 않게 된다.

그리고 노후 된 몸은 각종 노인병을 불러일으킨다. 가장 무서운 병인 '치매'에서 오는 기억력 상실, 시력 약화와 안질환(백내장, 녹내장 등), 치아가 헐어 틀니나 보철에 의존하게 되며, 다리통증, 허리 협착증, 청력이 약해져 보청기에 의존하게 되며, 소화기능이 약화되어 수시로 변비를 유발시킨다. 시력 약화로 신문이나 책 등을 읽기가 싫어지고, TV에만 눈이 가는 시간이 많아지면서 홀로 남게 되는 고통이 점차 늘어간다. 그리고 배우자나 가족과의 이별 등 최악의 고통이 닥칠 것에 대비해야 하는 일도 염려된다.

그리고 의료비가 젊은이들보다 배가 된다. 그리고 자식들이 생존해 있는 노부모가 자신들의 생활에 불편을 주는 거추장스런 존재로 여길 때, 재산이나 가업 등을 물려주고 나서의 상실감 등에 대해서도 대비해야 된다.

이처럼 노화와 이로 인한 영향을 극복하기란 쉬운 일이 아니다. 하지만 노인을 쓸모없는 퇴적물로만 생각해서는 안 된다.

인간은 활동하는 가운데 존재한다고 한다. 그리고 일하지 않으면 먹지 말라고 했다. 이처럼 일할 수 있는 데까지만 사람이고, 늙어서도 사람답게 살고 싶을 때까지만 사람이다.

수명 연장에 들어간 의식 없는 사람은 이미 죽은 사람과 다름없다. '일리노이' 대학의 '슈트어드 올산스키' 교수는 '인간은 노화를 막을 수 있게 설계되어 있지 않고, 인간의 기대 수명도 곧 정점을 찍을 것'이라고 한다. 이처럼 사람은 70, 80세가 지나면서 각종 노인병과 이로 인한 어려움에 처하게 된다.

그러나 종종 이러한 고통을 이겨내고 100세를 넘어서 사는 사람들도 있다. 이럴 경우는 천명(天命)이라 생각하고, 마지막 남은 인생도 축복이라 여기고 감사하며 살아야 한다. 병들고 장수하는 것보다 건강하게 오래 사는 것이 바람직하기 때문이다.

◇ 100세를 맞이하면서 가장 힘든 것은 늙는다는 생각이 아니라 찾아드는 고독감이고 나 혼자 남겨두고 다 떠나가는구나 하는 공허감이다.

　　　　　　　　　　　　　　　　－ 김형석 교수의 100세의 일기 －

◇ 인생의 목적이 확고해야 오래 산다.

　　　　　　　　　　　　　－ '이은봉' 박사의 '의학연구 다이제스트' －

◆ 나에게 사람들이 따뜻하게 대해주면 마음속에
  저금해 놓고 있다가 외로워질 때 그걸 꺼내
  힘을 내는 거야. 당신도 지금부터 저금해 봐!
  연금보다 나을 테니까! 지금 곧! 살아있는
  사람에게는 누구에게나 아침은 다시 찾아온다.
       − 일본의 99살 '시바다 도요' 할머니의 시집 『약해지지마』 −

◆ 생명이 붙어 있는 한 인간답게 살도록 해야

◆ 삶이 남아 있는 한 최선을 다하여라!

◆ 육상 선수는 결승선이 가까워지면
  마지막 죽을힘을 몽땅 쏟아 낸다.

◆ 노인이 노년의 시간을 허송세월 한다면 자신을 버리는 것과 같다.

◆ 병들고 장수하는 것보다 건강하게
  오래 사는 것이 바람직한 100세 인생이다.

자기 인생 살기

자기 인생이 늘 새로운 모습으로 태어난다고 생각해 보라! 그러면 죽음이라는 것은 인생의 마지막에 존재하는 것 이상의 의미를 갖지 못하게 된다.

자기 인생은 자기가 책임지고 사는 것. 사람은 혼(魂)과 육체 (肉體)의 합성체(合成體)이다. '육체'라는 집에 '혼(魂)'이라는 '마음 (정신)'이 안식으로 사는 것. '혼'이란 마음은 '육체'라는 집을 늘 어디가 고장 난 데 없는지 살피며, '육체'란 집은 '혼'이란 마음을 늘 편안히 거(居)하도록 환경을 만들어 혼연일체(渾然一體)가 되어 서로 돌본다.

그러면서 인생은 어디서 왔다가 어디론가 가는 나그네 길과 같다. 한 번 지나면 되돌아가지 못하고 다시 못 오는 인생을 살아가는데 한 번 연습으로 살 수 없는 1회용이다.

백 세를 채우지 못하면서 천 년의 삶을 염려하며 산다.(人生

그리고 살다보면 한 번의 실패로 모은 것이 끝나는 인생이 없듯이, 한 번뿐이란 인생도 기회가 한 번뿐인 것만은 아니다.

또한 인생은 소가 곡예하듯 육중한 몸으로 외나무다리를 건너야 하는 것이다. 잔잔한 폭풍이 없는 것처럼 평탄한 인생 또한 없으며, 인생이 우리가 뜻하는 대로 풀리지 않을 수도 있다. 그러나 최선을 다하는 노력으로 극복해야 한다. 시련을 좋아할 사람은 없지만 시련은 성장과 발전의 기회가 된다. 그래서 인생은 완료형이 아니라 진행형이고, 완성품이 아니라 완성을 향해 나아가고 있는 미완성작품인 것이다.

황혼의 인생을 마감하면서, 산 정상에 오르는 것보다 내려올 때가 더 힘들다고 한다. 인생도 이와 같다. 찬란한 아침 햇살의 '기(氣)'를 받으며 '절대 포기하지 말라'는 위인들의 가르침으로 극기하며, 그리고 용기백배한 열정으로 거칠고 험한 세상의 고행(苦行) 길을 조심스럽게, 그리고 헛디딤 없이 정상정복의 영광과 모든 것을 조용히 내려놓은 성숙한 인생의 여운을 담담히 받아들여야 한다.

"우리가 걱정하는 것은 늙어가는 삶에 대한 슬픔이 아니라 녹슨 삶을 걱정하는 것이다."라는 법정 스님의 말이 있다. "살아있는 한 마지막 순간까지 최선을 다해 생명을 지키는 것이 인생에 대한 예의라고 생각하며 살자!"

인생 삶의 일정에 대하여, 공자는 사람 나이 30살은 이립(而立)이라 하여 서른에 뜻을 세우라고 하였다. 그러나 '남이(南怡) 장군(1441~1468)'은 "사나이 스물에 나라를 평정치 못하면 후세에 그 누가 대장부라 일컬으랴(男兒二十未平國 後世誰稱大丈夫)"하여 이미 20대 나이에 일국의 떳떳한 장군의 위치에 올라 있었으며, 그리고 '맹자'는 "젊을 때 뜻을 세우지 아니하면 키 없는 배와 같다(志不立如無舵之舟)."고 하였다.

40세에 이르면 불혹(不惑)이라 하여 세상일에 미혹(迷惑)되지 아니하는 나이라고 하였고, 50세에는 지천명(知天命)이라 하여 하늘의 뜻을 알며, 60세에 되면 이순(耳順)이라 하여 귀가 순하다고 하는 이성의 완숙(完熟)에 이른다 하였다.

이렇게 젊었을 때는 하루를 천년같이 살지만 인생의 반환점인 회갑(回甲)이 되고 나면 천년을 하루같이 살고 있다고 느껴진다. 그래서 그렇게 빨라지는 석양의 해와 산 정상에서 내려올 때처럼 60세는 시속 60km로 70세는 70km의 가속도가 붙는 것 같고, 세월이 얼마나 빨리 가는지를 나이가 들어보지 아니한 사람은 실감나지 않을 것이다.

그리고 삶의 어렵고 힘든 역경과 위기를 희망에 포장하여 새봄을 기다리며 희망을 품고 살아가는 20, 30, 40대를 넘기고 나면, 지난 세월에 그렇게 좋았던 청춘 인생의 봄은 다 어디가고 몰래 찾아온 백발과 곰 패인 얼굴에 주름은 늘어만 갈 때면 고정시켜 놓았던 시간의 영상을 담은 앨범에 눈을 가져 가게 된다.

이렇게 점점 나이가 들어서 공자가 말하는 멋대로 살아도 법도에 어긋나지 않는다는 70의 불유구(不踰矩)을 넘고, 80 평균수명 한계선까지 올라가면, 오직 바라는 것은 건강하게 살다가 마감하는 일뿐이라고 생각하며 특히, 노년기에 바라는 건강에는 육체적인 건강도 중요하지만 정신건강은 더더욱 중요하다. 그리고 나이가 들어갈수록 점점 왕성해지는 이성은 감성과 조화(調和)되어 있어야 인생의 완숙을 돕는다.

또한 나이 무게처럼 인생을 살아가며 나이든 고령(高齡)에도 창조적이고 도덕적인 정신으로 살아가야 한다. 그리고 지나왔던 인생 고개를 허덕이며 무사히 넘어왔음을 오늘에 감사한다.

인생에는 정년이 없다고 하며 살아야 한다. 이는 생명이 다하는 날까지 살기 위해 움직인다는 것이며, 움직인다는 것은 일할 수 있는 능력이 있음을 뜻한다. 할 수만 있다면 일을 가지고 있어야 건강과 행복이 보장된다. 그러므로 용기와 희망을 가지고 도전하자.

65세 정년은 인생 정년이 아니다. 세계 최고의 부자 '워렌 버핏' 회장은 "삶에는 정년이 없다", "좋아하는 일을 찾아서 열정을 갖고 일하면서 인생을 낭비하지 않았기 때문에 나는 오늘 자신이 있다"고 하였다.

99세까지 88하게 살려면 60~65세 정년퇴임하고 30년 이상을 더 살아야 한다. 이 30년이란 세월은 강산이 세 번이나 바뀌는 긴 세월이다. 결코 덧없고 희망 없는 삶을 그대로 무의미하게 보낼 수만은 없다. 그리고 퇴직 후 30년을 더 살 수 있다면 뭔가를 시작하기에는 늦었다고 단정하지 말아야 하며, 지금까지 못 다한 그 무엇에 최선을 다하는 후회 없는 인생을 살아야 한다.

"내 인생 마지막을 바라보며 쉬지 못하는 이유는 나에게 아직 잠들기 전에 마지막 가야 할 몇 마일이 남아 있기 때문이다. 그리고 그 가느다란 실낱같은 꿈 하나가 있기 때문이고, 이 가야 할 길과 도달해야 할 꿈이 있는 한 늘 시련은 나를 시험할 것이다."고 생각하자.

◆ 자기 인생은 자기가 책임지고 살아야 한다.

◆ 사람은 백 세 인생을 채우지 못하면서
천 년의 삶을 염려하며 산다.

◆ 잔잔한 폭풍이 없듯이 평탄한 인생 또한 없다.

◆ 인생에는 정년이 없다고 생각하며 살아야

◆ 내 인생 마지막 가야 할 몇 마일이 남아 있고,
꿈이 있기 때문이다. 그러므로 꿈이 있는 한
늘 시련은 나를 시험할 것이다.

5

산행(山行)에서 얻는 삶의 지혜

삶의 지혜는 어디서든지 얻을 수 있다. 지혜는 책 속에만 있는 것이 아니고, 성인군자나 학교 선생님, 부모님, 선배 등 윗사람들에게서만 얻을 수 있는 것도 아니다. 세상 만물과 자연의 흐름 등 모든 것이 삶의 지혜를 얻을 수 있는 장(場)이다.

"바로 목전(目前)에 진리(眞理)가 아닌 것이 없다. 만물이 다 나에게 스승이다."(萬物我師)

어느 한 산행인 일행이 깊은 산속을 산행(山行)을 하던 중 준비된 물을 다 마시고 나니 목마름이 찾아왔다. 고인 샘물을 찾는 데 온 신경이 가고 있던 중에 정말 사막에서 '오아시스'를 발견하듯 '옹달샘' 한 곳을 발견한 것이 아닌가. 일행은 큰소리로 "심봤다!"고 고성을 올리는 사람도 있었다. 그런데 찾아낸 이 '옹달샘'은 심상치 않게 보통 사람의 키만큼 깊이 파헤친 곳에 맑은 물이 고여 있는 것이 아닌가. 그리고 샘 주위에는 깨끗이 정리되어 있으며 누군가 써놓은 표시판에는 "여기 물은 혼자만으로는 마실 수 없습니다."라고 써져 있으며 "물을 마실 때는 흘리지 말고 마시기 바랍니다.", "감사하는 마음으로 마시기 바랍니다."라고 열거되어 있었다. 또한 곁에는 긴 막대기에 작은 물박이 달려있어 깊은 샘의 물을 떠 마실 수 있게 만들어져 있었다. 가만히 생각해 보니 그 긴 장대에 물박으로 물을 뜨면 혼자로서는 도저히 마실 방법이 없었다. 이 편 사람이 떠서 저 편 사람에게 드시게 하면 쉽게 마실 수 있게 되어 있었다. 그리하여 서로 물을 돌려가며 목마른 목을 적시게 되었다.

여기에는 다음과 같은 뜻깊은 삶의 지혜가 있는 것이었다.

첫째는 나뭇잎을 띄워 목마른 때 물을 급히 마시지 말도록 하는 것처럼 급한 길도 돌아서 가라는 지혜의 가르침과 여러 사람이 항상 마실 수 있게 절약하라는 절약 정신을 갖도록 하는 것, 둘째는 우선 우물을 판 사람에게 감사함과 항상 마시는 물에 고마움의 근본을 생각하도록 음수사원(飮水思源)의 뜻을 배우고, 셋째는 산행을 혼자서는 다니지 말라는 가르침, 넷째는 남과 더불어 살아라 하는 깊은 가르침이 있는 것이었다.

일행들은 이렇게 이 '샘'이 갖고 있는 가르침을 가슴 깊이 새기고, 뜻깊은 삶의 지혜를 나누며 하산(下山)을 했다는 것이다.

◆ 매일 마시는 물에 대해 고마움의 근본을 생각하라!

◆ 삶의 지혜는 어디에나 있다.

◆ 목전(目前)에 진리가 아닌 것이 없다.

◆ 만물(자연)의 섭리가 다 나에게 스승이다.

09

100세 인생
축복인가? 재앙인가?

100세 인생 행복하게 살게 될 때
축복받는 인생이 될 것이고
고통의 삶에서 헤어나지 못할 때
재앙 받는 인생이 될 것이다.

- 저자의 말 -

100세 인생 축복인가? 재앙인가?

100세 장수(長壽) 인생에는 축복과 재앙이 공존한다. 장수 인생은 행복감을 느낄 때까지만 축복이고, 그렇지 못한 고통스런 삶은 재앙이다. 대비 없는 100세 장수는 재앙이다.

삶(인생)은 태어나서 늙어가고 병들고 죽는 과정이 생로병사(生老病死)의 과정이며, 죽음은 삶의 완성이다.

인생을 신나게 사는 사람은 늙을 줄 모른다. 축복 속에 세상에 태어남을 감사하고, 건강하게 살다가 죽음을 긍정적으로 받아들이고 사전에 대비를 잘할 때 100세 장수는 재앙이 아닌 축복이 될 것이다.

죽음 앞에서 사람의 삶은 순서와 기약 없는 대기자의 신세이기에 떠날 때를 대비하여 미리 준비해 두어야 한다. 그래야 죽음을 긍정적으로 받아들일 수 있을 것이다.

"죽음은 회피할 수 없다. 당초에 가지고 태어난 것이기 때문이다." 현재 우리나라 국민 73%가 100세 인생을 축복이 아닌 재앙이라고 생각한다. 장수시대에 있어서 빈곤, 질병, 고독 등 '노인 3고(苦)'에 대비하지 않은 노인, 특히 치매 노인들은 재앙이다.

장수하는 경우 육체적 건강도 중요하지만 정신적인 건강은 더 중요하다. 대부분의 사람들이 죽음의 공포를 극복하기란 쉽지 않다. 삶에 비해 죽음을 경험해 볼 수 없기 때문에 나이가 들어갈수록 우울증 환자 등 정신적인 문제가 심각해진다.

죽음의 전 단계는 노화(성숙)이며, 정신적 및 육체적으로 제대로 늙어야(성숙해야) 편히 죽는다고 한다. 언제 죽을지 모르고 사는 인생이지만 나이가 먹을수록 죽음에 더 가까워졌음을 알지만 결국 남은 인생을 열심히 사는 길밖에 없다. 이때 정신적인 대비가 중요하다.

"길게는 100여 년 짧게는 60~80년 안팎에서 잠깐 왔다 가는 나그네 인생으로 살다가 천만년(千萬年) 영원히 살 집으로 떠난다."고 생각하자!

"죽지 않는 영생(永生)은 그 누구의 것도 아니다."라는 '괴테'의 말처럼 죽음을 긍정적으로 받아들여야 한다.

세상에는 이승의 삶과 저승의 삶이 있다. '율곡(栗耳, 이이)' 선생은 "이승의 삶이란 풀잎에 맺힌 이슬과 같은 것이요, 죽어서 몸을 맡기는 곳이야말로 영원한 것이다."고 했다. 즉, 죽음은 이승의 짧은 삶에서 저승의 영원한 삶으로 부활하는 것이라고 볼 수 있다.

인간만이 종교를 가지고 있다. 이승과 저승이 있고, 죽으면 영혼은 저승에서 산다고 믿고 있는 신앙도 인간이 만들어낸 대 발견이다. 이 세상의 많은 종교 생활은 영생을 위한 사후세계에 잘 들어가기 위한 과정이라고 할 수 있다.

신(神)은 과연 존재하는 것일까? 풀지 못하는 불가사의(不可思議)한 것들이 많다. 존재하는 만물(萬物)이 한 번 태어난 것은 필히 죽음에 이르게 된다는 것이 생자필멸(生子必滅)이다.

그리고 음양(陰陽)의 조화는 사람이나 동식물이나, 심지어 기후변화 등 생명존속과 변화의 오묘함에 간여된 신비한 원리이며, 과정이다.

그럼 왜, 죽음에 대해서는 재앙이라는 공포가 뒤따르는가? 왜, 즐겁게 축복의 죽음을 맞이하는 것이 안 되는 것인가? 혹은 이승이 천당이라고 하면 죽어서 맞이하는 저승은 지옥인가? 이처럼 죽음에 대한 공포는 미지(모름)에서 오는, 죽음이 경험하지 못하는 것이고, 죽으면 이 세상에서 경험한 모든 것을 잃어버린다는 생각 등 정신적으로 죽음에 대해 대비하지 못하는 가운데 느끼는 두려움 때문일 것이다.

그렇다면 오히려 죽어서 가는 미지의 천당이나 지옥이라는 것에 연연하지 말고, 지금 이곳에서의 삶을 사랑하고, 최선을 다하는 것으로 만족하면 어떨까?

불교의 일체개고(一切皆苦 또는 諸行皆苦(제행개고) – 욕심에 사로잡혀 그렇지 못함에 아등바등 거리는 생(삶)은 모든 것이 고행임)를 극복하고, 제행무상(諸行無常, 불변의 상은 없다.)의 고정관념을 벗어나 세상의 모든 일은 마음에 따라 이루어진다는 일체유심조(一切唯心造)의 부처의 경지에 들거나, 천주교나 기독교 등에서 하나님의 품 속에서 모든 것을 내려놓은 경지의 삶이 저세상(저승)의 삶이라고 한다면, 죽음을 긍정적으로 받아들이고, 주어진 수명이 다할 때까지 행복한 마음으로 살다가는 것이 옳은 방향일 것이다.

"세월 앞에 장사 없다."하고 생각하는 100세의 어느 촌 할머니의 경우를 살펴보자. 할머니는 젊을 때 생활이 괴로운 줄 거의 모르고 동내 사람들로부터 예쁘다고 칭찬받는 축복받는 삶을 살았다. 그런데 이제는 너무 오래 살아서 그렇게 예쁘다고 칭찬받던 얼굴도 늙어서 주름이 잔뜩 끼어 험상궂어지고 남편과 친지들도 모두 떠나가 외로워서 살기가 힘들고 무섭다. 할머니는 죽음을 기다리며 "저승에 가면 이승에서 얼마나 많이 남을 사랑하고 덕을 베풀다 왔느냐?" 하고 재판 받는다고 하는데, 이제 다 늙어 기력도 없는데 어떻게 해야 하는지 걱정이 태산이라고 한다.

어떤 마음으로 죽음을 생각하는 것이, 어떤 자세로 늙어가는 삶을 사는 것이 바람직할 것인가?

◆ 100세 인생에는 축복과 재앙이 공존한다.

◆ 죽음에 대비하여 사전에 준비를 다할 때
   장수 100세는 재앙이 되지 않고, 축복이 될 것이다.

◆ 죽음은 버릴 수 없다. 당초에 가지고 태어났으니까!

◆ 죽음을 긍정적으로 받아들이고 남은 인생을 열심히 살아갈 때
   축복받는 인생을 살게 된다.

노년 인생 길목에서

인간을 포함한 생명체는 본능적으로 오래 살고 싶어 한다. 일단 태어나면 천년만년 살 것 같이 부대끼지만 결국 죽음을 피할 수는 없다.

그리고 늙어 가면 올해 죽을지, 내년에 죽을지 한 치 앞도 모르고 사는 삶으로 변한다. 어떤 사람은 미리 노년에 대비하여 풍족하거나 만족스럽게 살지만 많은 사람들이 노년과 죽음에 대비하지 못하고 있다.

그런데 앞으로 남은 생명이 3개월뿐인 시한부 인생으로 살라고 하면 어떻게 될까? 대부분의 삶이 180° 달라질 것이다. 남은 인생을 최대한 즐겁게 하고 싶은 일을 해보려고 적극적으로 삶을 살아가게 될 것이다. 그러니 삶을 언제라도 지금부터다 하고 긍정적이고, 즐겁게 살아야 한다. 시한부 인생이 아닌 것만도 신(神)께 감사하며 살아가자!

정상적으로 주어진 생을 사는 사람의 경우 나이가 들면 영원한 저 세상으로 떠날 채비를 할 때인 노년기가 온다. 많은 경우 우선 주변을 깨끗이 정리하고자 할 것이다. 가지고 살았던 크고 작은 재물, 재산을 정리할 계획을 세울 것이고, 무엇을 남길 것인지도 신경이 갈 것이다.

'버나드 쇼'는 자기 묘비명에 재미있는 글을 남겼다. "우물쭈물 하다가 내 이럴 줄 알았다."하고 지난 자기 인생을 간략하게 (잘?) 정리해 놓았다.

그런데 필자는 이를 '그럭저럭 살다가 떠난 인생' 이라고 했으면 어떨까 하고 생각한다. 한번 살면 되돌아 올 수 없는 인생인데 '우물쭈물 하다가 떠난 인생'이지만 그 과정은 대부분이 다 '그럭저럭' 인생이다. 아득바득 악을 쓰거나 아등바등 사는 인생들이지만 전부다 '그럭저럭'한 인생이다.

중국 천하를 통일한 '진시왕(秦始王)'도 영생을 바라는 욕망으로 죽음의 공포에서 헤어나고자 서귀포에 보내여 불로초(不老草)를 캐오라고 '서복(徐福)'에게 시켰지만 늙음을 거쳐 죽음이라는 '생로병사(生老病死)'의 생의 원리를 벗어나지 못했다.

100세까지 잘 살기를 희망하는 사람은?

저승에서 환생하기 위해 기다리는 사람에게 염라대왕이 물어 봤다. "인간으로 재차 환생시킨다면 어떻게 살기를 원하느냐?"하고 물으니, 그 사람이 대답했다.

"저는 고관 집에 태어나, 집 주위에 만 평 정도의 땅과 물고기가 있는 연못과 갖가지 과일나무가 있는 집에서 살기를 원합니다. 집에는 얼굴은 곱지도 밉지도 않지만 착하고 사랑스러운 아내와 예쁜 첩들이 있고요, 자식은 아들 셋, 딸 둘 정도 있으면 좋겠습니다. 그리고 돈과 곡식은 걱정하지 않고 살 수 있는 수준 정도면 되고, 100살까지 살 수 있다면 좋겠습니다."

이 말을 들은 염라대왕이 노발대발 화를 내면서 "그런 좋은 조건이면 너를 보내지 않고 내가 가겠다."고 말했다고 한다.

이런 삶은 어떨까?

세상에서 중용(中庸)이 최고다.
인생의 중용은 최고의 기쁨이고
집은 너무 호화롭지 않고
음식은 적당히 먹고, 술도 반쯤 취하는 것이 좋다.
꽃은 반쯤 피어나고 있을 때가 고와 보이고

배도 돛을 반쯤 올리면 안전하면서도 신난다.

말고삐도 반쯤만 당기면 말이 좋아하고

돈도 너무 많으면 걱정이고, 너무 없으면 고생한다.

인생은 반은 달콤하고 반은 쓴 것이니

반반씩 섞인 수준이 가장 아름답다.

사람은 늙어가면서 추한 모습을 드러내기도 하고(老醜), 망령이 발작하여 노망(老妄)끼가 오면 주위를 긴장시키는 극단적인 경우도 생긴다.

"어떻게 살아야 노년을 지혜롭게 잘 살아갈 수 있을까?"

노인은 우선 자기관리를 잘 해야 하는데, 깔끔한 옷차림에 신경 써야 한다. 대인 매너도 좋아야 하고, 아랫사람을 온화하게 대하는 여유도 갖고, 대화의 기회를 자주 가져야 한다.

진정한 노인으로 거듭나기 위해서는 지금까지 가지고 있던 나이 든 노인으로서의 권위를 내려놓아야 한다. 젊은이에게 나이가 많다고 위세 떨지 말고, 섣불리 심한 충고도 삼가야 하며, 격려하는 데 인색하지 말아야 한다. 시대의 변화에 맞게 변하면서 젊은이들의 말에 귀 기울일 줄도 알아야 한다. 그리고 아랫사람에게 말할 때도 편한 마음으로 듣도록 하고 되도록 짧게 핵심적인 내용으로 말하는 것이 필요하다.

경험이 풍부한 노인이야말로 인생이 원숙해지고 지혜로워지며 정신적으로 풍요로워지는 단계이다. 그러므로 노인은 삶의 마지막인 죽음을 대기하는 사람이 아니라 의미 있는 삶을 지원하는 단계로 생각해야 한다.

"이 세상은 살아있는 사람들의 몫이다."라고 생각하며, 욕망과 고민을 내려놓고 자유롭게 마지막 삶에 감사하며 살아야 한다.

◆ 한 치(値) 앞도 모르고 사는 인생이다.

◆ 그럭저럭 살다가 떠나고 보면 우물쭈물 인생이다.

◆ 생의 시작은 죽음이라는 끝도 있음을 알아야...

◆ 노인은 삶의 마지막인 죽음을 대기하는 자가 아니라
   삶의 완성을 돕는 의미 있는 삶을 가지고 있음을 알아야...

◆ 늙어가는 노인의 삶은 벼가 익어가는 것과 같다.

내 인생 100세를 바라본다

내 인생 미수(米壽. 88세)를 살면서 100세를 바라본다. 100세까지 앞으로 10여 년을 남겨 놓고 있다. 강산이 한 번만 변하면 100세 인생이 채워질 것이다. 백수(白壽)를 바라보는 망백 인생(望百人生)이다.

「나는 조물주인 당신의 신비(神祕)한 능력이 주관하는 가운데 당신과 나와의 관계를 생각하며 존재를 확인하고 있습니다.」

나는 조물주와의 관계(자연의 섭리)에 의해서 이 세상에 태어났다. 나의 명은 당신에게 달려 있으므로 인명은 재천(人命在天)이라고 했나 보다.

나는 오늘에 이르기까지 당신이 배려해 준 덕택에 이미 기대수명을 넘긴 지도 오래되었다. 미수(88세)를 넘기고 덤으로 살아가는 인생이다. 죽음이 언제 닥칠지 모르는 삶이다. 폭풍이 언제 닥칠지 예측하지 못하는 바다에 떠있는 배와 같은 신세이다.

나에게 마지막 남은 소망이 있다면

"어떻게 살면 잘 사는지를 안다면 잘 죽는 법도 알 수 있다네! 남은 삶에 최선을 다하면 건강한 죽음을 맞이할 수 있다."는 것에 맞는 삶을 사는 것이다.

"백수(99세)까지 88하게 살다가 2~3일만 앓고, 4일째 되는 날 잠자듯 조용히 눈감고 이 세상을 떠날 수만 있다면… 그리고 가보지 못한 미지의 세상으로 우주여행을 떠나는 것처럼 이 세상에서 애벌레로 살다가 나비로 환생하여 훨훨 꽃을 찾아 날아다닐 수만 있다면 더 이상 바랄 것이 없습니다."

팔자타령 하지 말게

자기 소망대로 죽을 수만 있다면 좋으련만… 죽음의 문턱은 바늘귀처럼 작기만 한데… 이 큰 몸통으로 어떻게 고통 없이 통과할 수가 있단 말인가? 그러므로 나에게 주어진 짐을 스스로 내려놓고 홀가분하게 통과하길 바랄 뿐일세!

세상 사람들에게 많은 덕(德)을 베풀며, 자식들에게도 많은 사랑을 베풀어 놓았다면 마지막 임종 때 자식들로부터 "영원히 사랑합니다." 하는 위로를 받아 죽음의 고통을 벗어나는 힘을 얻게 될 것이다. 이에 죽음을 앞두고 위안을 받으려면 마지막 작별의 노래(한 세상 잘 살다 간다. 건강들 해라! 등)라도 들려주어야 마땅치 않겠는가?

그리고 질병(疾病) 등의 고통을 받지 않고 죽는 복(福)도 있으면 좋다. 자식들한테 걸림돌이 되지 않게 건강하게 살다가 떠나려면 죽기 전까지 삶에 충실하고 열심히 살아야 건강하게 죽음도 맞이할 수 있을 것이라 생각한다.

이처럼 목숨(命)이 하늘에 달려있고 미수(88세)를 지나고 보니 죽음도 멀지 않았구나 하는 생각이 조용히 엄습해 온다. 그러나 다행인 것은 살 만큼 살았으니 오늘 저 세상으로 가도 후회가 없다는 것이다. 공수래공수거(空手來空手去)! 인생을 빈손으로 왔다가 빈손으로 떠나는 것이니!

단지 이 나이까지 그 길고 험했던 긴 세월을 눈 깜작할 사이에 보내고 나니 허전하고, 이제 얼마 남지 않은 시간에 지난날의 모든 것을 정리하고 반추하며 세월타령 하는 신세가 되었구나!

이제는 죽음 앞에서 떳떳하게 오늘을 살고 내일을 꿈꾸며 당신(하느님, 조물주)과의 짧은 관계를 즐겁게 마감하고, 영원한 먼 미지의 세상으로 떠날 채비에 시간을 보내야 할 것 같다.

요절하여 늙어보지도 못하고 세상을 떠나는 사람이 오죽 많은가? 나에게 미수(88세)까지 삶을 주신 하늘에 진정으로 감사하고 또한 천우신조(天佑神助)라 생각하며 감사할 따름이다.

얼마 남지 않은 인생 죽을 때까지 활기차게 살아보자!

'레이먼드 스멀지언'(뉴욕시립대 교수)이 '살아 있는 동안에는 죽지 않을 텐데' 하고는, "삶은 죽음보다 행복하니까. 오늘을 열심히 산다."고 말했다.

사람들은 내일 죽음이 올 것을 염려하지만 '오늘은 무엇을 할 것인가?' 하고 걱정하며 산다. 살아 있으니까…

죽음 앞에서도 당당했던 철학자 '소크라테스'는 "죽음의 고통에서 벗어남과 동시에 영혼이 영원히 사라지지 않는 것에 대해 신(神)에게 감사한다."고 하였다. 그리고 '죽음이란 영혼이 몸의 감옥에서 벗어나는 것'이라고 했다. 그는 사형선고를 받은 뒤 배심원들에게 "이제 나는 죽음의 길로 가고, 당신들은 삶의 길로 간다. 누가 더 행복한지 나중에 판명될 것이다." 하고 큰소리로 외쳤다.

'소동파' 시인은 "인생 일장춘몽(人生一場春夢)이다. 인생이란 흔적 없이 지나가는 봄날의 꿈과 같다."고 말했다. 그래서 그는 인생을 더욱 열심히 사랑했다. 그리고 "달도 차면 기울고, 꽃도 피면 지고 만다."라고 읊었다.

100세 장수인생 당당하게 살자! 그리고 당당하게 죽음을 맞이하자! '태어남'의 영광이 있었기에 죽음의 슬픔도 있는 것이 당연한 이치! 세상에 태어나 죽지 않는 자 있던가? 그러므로 죽음을 의연하게 맞이하자! 덧없는 인생이고 한 편의 봄꿈과 같은 인생이라고 긍정적으로 생각하자!

"건강한 삶은 건강한 죽음을 맞이하게 될 것이다. 인생은 그렇게 왔다가 그렇게 가는 것이니까."라고 생각하면 가장 바람직한 삶은 건강하게 장수하는 것이다.

득도(得道)한 사람들이 말하는 "인생의 무상(無常)함이란?"

○ 서산대사(西山大師)

"산다는 것은 한 조각의 구름이 일어나는 것과 같고
  죽는다는 것은 한 조각의 구름이 없어지는 것과 같다."

(生也一片浮雲起 死也一片 浮雲滅)

○ 해암스님

"나의 몸은 본래 없는 것이요. 마음 또한 머물 곳 없도다.
  무쇠 소는 달을 쫓아 달리고, 돌사자는 크게 부르짖도다."

(我身本非有 心亦無所住 鐵牛貪月走 石獅大哮吼)

○ 작자 미상 한시의 예

"나무 가지에 밤을 지샌 새들, 동이 트면 뿔뿔이 날아가듯
인생 역시 이와 같거늘, 어이해 눈물은 옷깃을 적시는가?

(衆鳥同枝宿 天明各自飛 人生亦如是 何必淚沾衣)

◆ 나의 명(命)은 하늘에 달려 있다. 인명재천(人命在天)

◆ 어떻게 살아야 잘 사는지를 알면 잘 죽을 줄도 안다.

◆ 삶에 충실하고 열심히 살아야
  죽음도 자신 있게 맞이할 수 있다.

◆ 산다는 것은 구름 한 조각 일어나는 것과 같고,
  죽는다는 것은 구름 한 조각 없어지는 것과 같다.

◆ '내 인생 살아있는 동안에 죽지 않을 텐데'하고
  살 때까지 살고 죽을 때까지 살자.

삶(生)과 죽음(死)

뭇 생명은 태어남과 동시에 죽음을 가지고 태어났다.

"죽음을 어떻게 맞이할 것인지?"를 알면 삶도 충실해질 수 있다. 삶도 내 것이고 죽음도 내 것이다.

태어남은 찬란한 아침 태양이 솟아나는 것 같고, 죽음은 석양의 수평선 너머로 황홀한 노을이 내려앉는 것 같은 것.

스티븐 호킹 박사는 '천국이란 사후세계는 죽음이 두려워 만든 동화'라 했다. 그리고 죽음을 두려워하지도 않았고, 서둘러 죽으려 하지도 않았다. "완전한 죽음이란 세상 사람들의 기억 속에서 완전히 사라질 때를 말한다."고 했다.

죽어도 영혼만은 존재하는가? 그리고 존재한다면 영생하는가? 사람들은 영생하는 영혼이 존재하기를 원한다.

아버지와 어린 아들의 대화

"아버지 사람이 죽으면 어디로 가는지요?" 하고 어린 아들이 물었다. "어디는! 하늘로 올라가는 거지."하는 아버지의 대답에 "하늘로 올라가면 하늘 어디서 사는 것인가요? 구름 위인가요? 하고 어린 아들이 추가로 물으니 아버지의 대답이 없다.

이번에는 아들이 "아버지는 죽어 봤나요?" 하고 묻자 아버지는 또 대답하지 않았다. 아들이 다시 "그러면 누군가 하늘나라에 다녀온 사람이 있나요?"하고 묻자 아버지는 또 답하지 못하였다.

"혹시 예수님이나 부처님이 다녀오지 않았을까요?" 하고 아들이 의견을 말했는데도 여전히 아버지는 답하지 못하고 아들 앞에서 체면을 구겼다.

태어남과 동시에 죽음이 같이 오는 것인데, 탄생은 축복으로 죽음은 두려움으로 포장되어 있다. 나의 경우도 부모의 죽음이 지나가고, 나의 시대도 죽음이 근처에 와 있다.

종교를 가진 많은 사람들은 죽어도 영혼만은 살아있다고 믿음으로써 마음의 평안을 얻고, 위안을 받기를 원하며, 하늘나라에서 축복을 누리길 바란다. 아무 일도 하지 않고 축복만을 받는 존재는 어떤 상태일까? 정말 행복만을 느끼는 상황인지 아니면 무기력한 지겨움의 지옥 같은 상황인지 그 상태가 되어보지 않은 이상 다 지어낸 이야기에 불과할지 모른다.

사람의 육체는 생체(生體) 기계로서 시한성을 갖는다. 자동차가 오래되면 고장 나고 폐차되는 것처럼 사람의 육체도 점점 낡아지고 기능이 약화되면서 결국은 수명이 다 되어 죽게 된다. 이 과정이 생물학적 차원에서 죽음의 실체이다.

사람들이 죽음을 두려워하는 것은 죽음을 원하지 않기 때문이다. 태어나는 축복이 없었으면 죽음도 없었을 것이라고 위안(慰安)삼자! 죽음은 삶의 종착역이기 때문에 잘 도착하기 위해서는 살아있는 동안에 긍정적인 사고로 열심히 살아야 하는 것이다.

부산대 병원 '유애옥' 자원봉사자의 말

병상에 누워있는 담낭암으로 신음하는 말기환자에게 '유애옥' 자원봉사자가 "어머님 죽음은 끝이 아니에요. 곤충은 애벌레로 살다가 나비처럼 더욱 아름다워져요. 그 모습을 생각해 보세요." 하고 말했다.

"고마워요. 선생님" 하고 환자가 간신히 입을 연다. "그렇게 말해 주시니 마음이 놓이네요." 하고 엷은 미소를 띠운다.

곁에서 남편이 "사랑해! 고마워요." 하고 말하였고, 아들과 딸들이 "사랑해요! 엄마 죽은 다음에도 계속 사랑할거야!"하고 마지막 인사말을 끝내자. 환자가 살며시 눈을 감았다.

"결국 마지막 순간에 우리에게 남는 건 사랑뿐이라는 진실을 알게 됩니다."하고 자신의 경험담을 말했다.

미국의 소설가 '마크 트웨인'은 "신은 특정인에게만 사랑을 베풀지 않는다. 죽는 날 장의사마저 슬퍼해 줄 만큼 노력하며 살자." 그리고 '인생의 모든 짐과 고통에서 자유롭게 해방해 주는 단 하나의 단어는 사랑'이라고 했다.

「 아! 생각을 말아요. 지나간 일들!
그리워 말아요. 떠나갈 님인데!
어디로 갔을까? 길 잃은 나그네!
어디로 갈까요? 님 찾는 하얀 나비!
꽃잎은 시들어도 슬퍼하지 말아요!
때가 되면 다시 필 걸 서러워 말아요! 」

'톨스토이'는 "이 세상에서 죽음만큼 확실한 것은 없다. 그런데 사람들은 추운 겨울은 대비해도 죽음 준비는 하지 않는다."고 말했다. 죽음을 정직하게 바라볼 수 있어야 삶의 진정한 의미와 가치를 인식할 수 있다고 한다.

만인(萬人)이 죽음 앞에서는 평등하다. 세계를 정복한 '알렉산더 대왕'과 '만리장성'을 쌓은 '진시왕'이나 거처도 없고 땡전한 푼 없는 노숙자도 죽음 앞에서는 평등한 처지이다.

아무리 죽음에 대해 생각해 보더라도 직접 체험하지 못하므로 남의 죽음을 목격한 걸로는 죽음에 대해 안다고 할 수 없다. 단지 죽음에 직면해서 삶을 반추하면서 잘못 산 것에 대해 반성하거나 죽음이 두려워 피하려고만 했지 죽음 뒤에 삶의 모습을 구체적으로 생각하지 못했음을 깨달을 뿐이다.

강물이 평생 굽이굽이 흘러 강 하구에 닿으면 바닷물과의 만남이 종이 한 장 차이인 것처럼 이세상과 저세상, 삶과 죽음의 차이도 매한가지이다. 그러므로 삶은 무겁게 살고, 죽음은 가볍게 가야 한다.

옛사람들은 죽음에 대해서 '제 명대로 살다가 편안히 맞이하는 죽음을 고종명(考終命)'이라 하여 '오복(五福)' 중의 하나라고 했다.

◆ 모든 생명체는 죽음도 동시에 가지고 태어난다.

◆ 완전한 죽음이란
   세상 사람들의 기억 속에서 완전히 사라질 때까지를 말한다.

◆ 부모 시대의 죽음이 지나니,
   이미 나의 시대도 죽음이 곁에 와 있다.

◆ 사람들은 추운 겨울은 대비하면서도
   죽음 준비는 하지 않는다.

◆ 만인은 죽음 앞에서 평등하다.

5

죽음의 공포에서 해방되기

◆ "삶에 충실하면 죽음도 두렵지 않다."

106세의 일본인 국제병원 '세오로카' 명예원장이 마지막 저서 『살아가는 당신에게』에서 "인간은 약해, 죽음에 대해서 듣는 것만으로도 떨릴 정도로 무서워해!", "죽음은 생명과 다를 수 없으며, 도망갈 수도 없다."고 하였다.

100세를 넘겨 장수하면서도 죽음으로부터의 공포를 극복하기는 참으로 힘든 일이다. 생을 걷어가는 죽음은 신(神)의 영역이고, 죽음의 공포를 극복하는 것은 자연(神의 法則)에 순응하는 것이고 자연의 법칙에 따르는 길임을 알아야 한다.

일단 하늘에서 주어진 생명이고, 주어진 명(命)대로 열심히 살다가 떠나는 것이 순리(順理)라면, 어차피 맞이하게 되는 죽음의 공포와 괴로운 일이나 병마의 고통 등을 참지 못해 스스로 생을 포기하는 것은 자해 행위이고, 하늘의 순리에 거역하는 것이다.

일본 열도를 울린 99세 '시바타' 할머니는 시집(詩集) 『약해지지 마』에서 "남아있는 날들을 충실하게 그리고 즐기면서 사는 것이 중요하다는 생각을 가져라!"고 하였다. 인생이 얼마나 소중한지를 일깨워주는 할머니의 시(詩)를 읽고 자살하려던 생각을 가진 많은 사람들이 마음을 고쳐먹었다고 한다.

삶과 죽음은 연속성이 있기는 하지만 그 차원은 완전히 다르다. "어떻게 하면 죽음의 공포에서 해방될 수 있을까?" 하고 스스로 생을 마감한 104세의 생태학자 '데이비드 구달' 박사는 "내가 죽으면 장례식을 치르지 말고 나를 기억하려는 어떤 추모 행사도 갖지 말며, 시신은 해부용으로 기증하라!" 하고 무병으로 고령이라는 이유만으로 의사의 연명치료를 거부하며 안락사를 택한 최초의 사례가 된다면서 자연(하느님)의 순리를 거역한 인물이기도 하다.

그 이유는 보면 "오직 치매나 의사의 연명치료 등으로 추하게 늙는 것보다 이제 삶을 마감할 수 있어서 행복하다."고 하였다. 하지만 내일의 추하게 보일 것이 두려워 오늘의 내게 주어진 생명을 미리 포기하지는 말아야 한다. "죽음이란 극히 자

연스러워야 하는 것이 진리이다." '자연스럽지 않은 자살은 신
㈜에 대한 거역'이라고 볼 수 있다.

  미국의 자연주의자이며 100세를 살고, 이상적인 죽음을 택
한 '스콧 니어링'이 있다. 그는 나이 여든㈜80세㈜에 자신의 죽음
계획을 세워 놓았는데, "나는 의사의 연명치료도 필요 없으며
가장 가까운 사람들에게서 존경받으며 가고 싶다."고 하였다.
100살 생일날이 다가오자 그는 죽음을 예감하고 단식을 시작
한지 3주 만에 스스로 눈을 감았다.
  이렇게 삶을 마무리 하는 것이 의미 있게 보이는 것인지, 죽
음을 맞이하는 바른 자세인지는 의문이다.
  미국 보수의 양심, 통합의 정치인으로 존경 받던 '존 매케인'
상원 의원은 죽음을 예견하고 1년 전부터 전직 대통령 '부시'
와 '오바마'에게 추도사를 부탁했을 만큼 말끔하게 죽음을 준
비하고 마감한 사람도 있다.

  인생 마지막까지 꿈과 희망, 그리고 도전의 끈을 놓지 않고
삶에 충실하면서 죽음도 두려워하지 않은 105세의 대만의 할
아버지 '지우무허' 씨가 있다. 할아버지는 "인생의 목적이 확
고해야 오래 산다. 남아있는 인생을 충실하고 즐겁게 살아야

한다."는 생각을 갖고 있다.

할어버지는 "인생의 가장 큰 기쁨은 끊임없이 전진하는 것이다."라는 좌우명을 가지고 75세에 배낭여행, 86세에 대학 입학하고, 매일 자전거로 통학하며 졸업 때까지 단 하루도 결석하지 않은 개근생이었다.

그리고 91세에 학사모를 썼고, 다시 대만 난화대(南華大)에 진학하여 2년 만에 대학원을 졸업하고, 세계 최고령 대학원(석사) 학위 취득자로 기네스북에 등재되었다. 그리고는 박사 학위 과정에 도전 중이다.

애플의 창업자 '스티브 잡스'는 "죽음은 삶이 만든 최고의 발명이다."라고 말했다.

한편, 죽음으로부터 자유로워졌다는 탈세속자이자 프랑스의 실존주의 철학자 '사르트르'도 막상 죽음을 맞이하자 불안과 공포에 시달렸다고 한다.

"죽음을 어떻게 당당하게 맞이하느냐?"를 알면 현재의 삶도 당당해진다. 죽음도 태어남에서 온 것이고, 필연으로 맺어진 과정임을 담담히 받아들이게 되면 현재의 삶이 더욱 충실해진다. 죽음과 현재의 삶을 긍정적으로 받아들이면 죽음도 두려워할 것이 못 된다.

사과도 익으면 스스로 떨어지는 자연의 흐름(섭리)을 터득하며 살아가는 농부들은 죽음의 공포를 잘 극복한다.

"이승에서의 삶도 한 번뿐이고, 죽어서 저승에 감도 단 한 번뿐인 신(神)의 섭리임을 긍정적으로 받아들이고, 수명을 다할 때까지 현재의 삶에 최선을 다할 때 죽음의 공포에서 해방될 수 있다."

죽음도 삶과 마찬가지로 같은 시간대의 연속선상에 있다. 죽음도 삶의 일부이다. 죽음을 잘 받아들일 수 있는 것은 잘 살았다는 말과 같다. 이는 잘 사는 것만큼 죽음을 잘 받아들이는 것도 쉬운 일이 아님을 말한다. 그렇다고 죽음을 받아들이는 것이 쉽지 않다고 해서 잘 사는 것을 포기해서는 안 된다.

죽어가는 과정 또한 삶의 일부라고 보면, 나는 죽는 순간까지 존엄하게 죽기를 원했던 '이 충무공'이 운명(運命)의 순간에서 "나의 죽음을 적에게 알리지 말라"고 하며 임진왜란 해전을 승리로 이끈 존엄한 죽음이 바람직하다고 생각한다. 잘 살기를 바라며 산다는 것은 죽음을 잘 받아들이는 것과 같은 진행형이다. 그러므로 '이 충무공'의 존엄한 죽음은 존엄할 삶과 매한가지이고, 죽음의 순간까지 삶에 충실했던 것으로 평가된다.

"살고 있는 한 삶을 지옥으로 만들지 말라"고 한다. 장수하는 경우 언젠가는 삶을 마무리하기 위해 노력할 때가 온다. 항상 천국은 오늘에 있다 생각하고 "마지막 남은 생에서 가장 젊은 오늘을 멋있게 살아야지!" 하고 살아야 한다.

　죽음은 자신의 존재(삶)에 마침표를 찍는 결정적 사건이다. 살 수만 있다면 건강하게 오래 살고 내가 죽더라도 자손 대대로 혈통을 이어가게 하는 것이 대 자연의 섭리이고 최선의 삶의 자세이다. 게다가 후세에 살아있는 사람들의 기억 속에 내 이름을 오랫동안 남길 수만 있다면 최고의 인생을 살았다는 할 것이다. 그러니 현재의 삶에 최선을 다하는 자세를 유지하는 것이 죽음의 공포에서 해방되는 길이기도 하다.

◆ 삶에 충실하면 죽음도 두렵지 않다.
  죽음을 피해 도망갈 수도 없다.

◆ 고통과 괴로움을 참지 못해 스스로 생을 포기하는 것은
  하늘의 섭리를 거역하는 것이다.

◆ 죽음이란 극히 자연스러운 삶의 과정이다.

◆ 죽음 앞에 남아있는 날들을 즐기면서
  충실하게 사는 것이 죽음의 공포에서 해방되는 길이다.
  사과도 익으면 스스로 떨어지는 자연의 섭리와 같이
  죽음을 긍정적으로 받아들이길 권한다.

6

끝맺음 하며

◆ 나의 '생활의 발견'은 생활지혜의 발견이다

평범한 일상의 생활 속에서 어떻게 살아야 바르게 사는 것인지 삶의 이치와 진리를 캐내는 일이다. 그리고 인생의 현역(現役)에서 가장 소중한 생활의 가치관을 발견하는 일이기도 하다.

또한, 평범한 '생활의 발견'에는 나의 인생에 필요로 하는 지혜와 경험, 그리고 도덕 양심을 찾고, 지켜야 될 윤리와 가져야 하는 노력, 역경을 이겨내는 인내, 끈질긴 도전 등등 할 수 있는 모든 것을 다 동원하여 생활지혜의 발굴과 발전을 거듭해 나가며 100세 장수시대에 삶의 질을 높이고자 하였다.

흐트러진 삶을 안 살기 위한 다짐이며, 보다 나아진 생활사고(生活思考)와 생활행동(生活行動)을 발견하여 생활의 가치관을 정립해 나가는 일이다. 또한 이는 보편적이고 상식적으로 영위하는 일상의 삶에서 얻어지는 합리적인 지혜와 생활 철학으로 생활의 질을 높이게 되는 일이다.

나는 이런 것을 '생활의 발견'이라고 하고 싶다.

사람에게 가장 위대한 발견은 자신들의 마음에 밭을 갈고 씨를 뿌리는 일, 즉 '심경(心耕)'으로 삶의 질을 높여갈 수 있다는 사실이다.

그러므로 '마음 밭갈이'는 국민정신건강을 위한 그리고 선진화의 길을 가는 초석을 놓는 의식개혁 운동이라 할 수 있다.

인생을 산다는 것은 무엇보다 어떻게 사느냐가 중요하다. 100세 장수시대를 맞이하여 이는 축복인지, 재앙은 아닌지? 인생을 어떻게 살아야 하는지를 잘 생각해서 자신의 삶을 바로 세워 나가야 한다.

그러기 위해서는 가을에 풍요를 얻기 위해 봄에 밭을 갈고 씨를 뿌려야 하는 것처럼, 인생의 성숙과 풍요를 얻기 위해서는 우리 모두가 삶의 농부가 되어야 하고, 마음 밭갈이를 해야 하는 당위성(當爲性)이 있다.

그리고 한 번 세상에 태어난 모든 생명체는 언젠가는 필히 사라질 때가 온다. 즉, 생자필멸(生者必滅)이다. 이렇게 한 번밖에 없는 인생의 멋진 삶을 살기 위해서는 세상에 태어날 때부터 주어진, 배우며 살아야 하는 운명에 충실하는 삶을 사는 것이 필요하다. 그래서 세상사람 모두가 내 스승(萬人我師)이라고 여기며 삶을 살아야 하고, 세상 만물의 이치(理致)가 나의 스승(萬物我師)이라고 여기며 살아야 한다.

이러한 생활 진리를 발견하기 위해서 위대함으로 인류 역사에 많은 족적(足跡)을 남기고 살다 간 현자위인(賢者偉人)들을 찾아 명언을 숙고하였고, 인류로부터 존경받는 훌륭한 선각자(先覺者)들을 찾아 격언들을 끌어 모았다. 특히, 우리 민족의 가장 존경받는 성군 세종대왕과 숭고한 애국 애족의 혼으로 오직 하나밖에 없는 고귀한 생명을 희생하는 살신성인(殺身成仁)의 거룩한 삶을 살고 간 '안중근 의사'와 필사즉생(必死卽生)의 호국정신으로 풍전등화의 나라를 지켜낸 '충무공 이순신 장군'과 일생을 오로지 애국에만 몸 바친 '김구' 선생에게서 거룩한 희생정신을 찾아보았다. 그리고 '박정희 대통령'으로부터의 "하면 된다."는 대한민국의 개발정신과 김수환 추기경에게서 "서로 사랑하세요."라는 사랑의 위대함도 되새겨 봤다.

우리에게는 국가 위기를 만났을 때 슬기롭게 극복하는 민족 고유의 유전인자(DNA)가 있다는 것도 찾아보았다. 또한, 우리 생명의 식량을 만들어 내는 농촌에서 위대한 자연의 가르침이 있다는 것과 호연지기(浩然之氣)를 얻는 일도 정리해 봤다.

이렇게 선인현자(先人賢者), 위인, 선각자들이 남기고 간 정신유산과 대자연의 섭리 등을 마음의 식량으로 포장하여 독자들 앞에 다가서게 되었고, 독자들은 이것을 되새김질하며 '마음 밭갈이(心耕)'에 조금이나마 도움이 되고, 삶의 질을 높여갈 수 있다면 그것을 가까운 이웃과 함께 나누며 인생의 성숙과 풍요를 공유해보길 바란다.

위인들의 말씀을 거름 삼아 성숙해지는 마음 밭갈이

권선복
도서출판 행복에너지 대표이사

　평균수명 100세 시대라고 하지만 인간의 수명에는 끝이 있기에, 우리는 살아 있는 한 끊임없이 죽음에 대해서 고민할 수밖에 없는 운명의 존재입니다. 이 책『심경(心耕)』은 '마음 밭갈이'라는 제목 그대로, 과학기술의 발전과 함께 더 오랜 시간 동안 살아가야 하는 우리들이 생의 마지막에서 후회 없는 결론을 내기 위해 무엇을 고민하고 어떤 목표를 위해 살아가야 하는지에 대해 이야기하고 있는 책입니다. 우리보다 앞서 세상을 살아가며 삶의 지혜를 전달한 위인들의 촌철살인(寸鐵殺人)의 언어 속에서 삶과 죽음이란 무엇인지, 우리 생을 가치 있게 꾸미려면 무엇이 필요한지를 이해할 수 있을 것입니다.

　이 책『심경(心耕)』을 지은 김두전 저자님은 2020년 소설『대왕고래의 죽음과 꿈 가진 제돌이』,『지상(地上)으로 탈출한 만장굴』을 통해 생생한 제주도의 역사와 자연 속 삶을 많은 독자들에게 펼쳐 보인 바 있습니다. 인생의 후반전을 왕성한 저술 활동과 사색으로 꽃피워 가고 있는 김두전 저자님의 열정과 지혜를 응원합니다!

'행복에너지'의 해피 대한민국 프로젝트!

<모교 책 보내기 운동> <군부대 책 보내기 운동>

한 권의 책은 한 사람의 인생을 바꾸는 힘을 가지고 있습니다. 한 사람의 인생이 바뀌면 한 나라의 국운이 바뀝니다. 그럼에도 불구하고 많은 학교의 도서관이 가난하며 나라를 지키는 군인들은 사회와 단절되어 자기계발을 하기 어렵습니다. 저희 행복에너지에서는 베스트셀러와 각종 기관에서 우수도서로 선정된 도서를 중심으로 <모교 책 보내기 운동>과 <군부대 책 보내기 운동>을 펼치고 있습니다. 책을 제공해 주시면 수요기관에서 감사장과 함께 기부금 영수증을 받을 수 있어 좋은 일에 따르는 적절한 세액 공제의 혜택도 뒤따르게 됩니다. 대한민국의 미래, 젊은이들에게 좋은 책을 보내주십시오. 독자 여러분의 자랑스러운 모교와 군부대에 보내진 한 권의 책은 더 크게 성장할 대한민국의 발판이 될 것입니다.

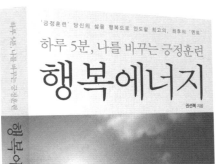